民俗学

ヴァナキュラー編

人と出会い、問いを立てる

加藤幸治 著

武蔵野美術大学出版局

目次

フィールドで問いをどう立てるか

はじめに

ヴァナキュラーとフィールドワーク

民俗学という学問について、みなさんはどのくらいのことをご存知だろうか。

書店の「民俗・風習」といった棚をながめると、次のようなジャンルの本がならんでいることが多い。例えば、昔ながらの伝統行事や風習を紹介する本、日本人の礼儀作法を解説する本、村のちょっと怖い口伝えの伝承を記録する本、はたまたオカルトやUMA《ユーマ》（未確認生物）の図鑑など……。それらは民俗学の対象の、教養、あるいはエンタメ的な側面ではあるが、学問としての民俗学とは少し違ったものと言える。

現代の民俗学は、どんな学問かと問われたら、わたしはヴァナキュラーとフィールドワークだと答える。

ヴァナキュラーは、ひとことで言えば「人々の生活から育まれた」固有な文化である。単語を直訳すれば「土着の」という意味だが、「その土地ならではの」とか「生活文化から生まれた」とか、「その社会に特有な」と言えば、しっくりくるであろう。

現代の地域社会や小さなコミュニティ、職場、学校、サークル、あらゆる社会には、その人々独特なヴァナキュラーが存在する。生活文化は歴史的な展開のなかで育まれてきたものであるが、それが現代においてどうあらわれているのかをヴァナキュラー文化としてとらえ、研究材料とするのが民俗学である。

すなわち、本書を手に取った誰もが、すでにヴァナキュラーを生きている。生まれ育った土地ならではの気風や好み、わが家のきまり、母校の校風、スポーツや習いごとの特有な価値観、バイト先の独特なルール、友達との関わり方、ネットの世界でのふるまい……、自身を取り巻く大小さまざまなコミュニティに、それぞれのヴァナキュラーがある。

その研究材料を得るために行うのが、フィールドワークである。フィールドワークと聞くと、どこか遠い辺境の地へ赴く探検のようなものを、イメージするかもしれない。そうした旅ももちろんあり、民俗学の醍醐味でもあるが、実のところ人の暮らしがあるところならばどこでもフィールドたり得る。生活の現場に立ち会い、時にはともに活動し、その関係性のなかから本当に大切にすべきは何か、考えるべき問いは何かを見出す。ヴァナキュラーを意識すれば、日々の暮らしもフィールドワークになり得る。文化がそこでまさに息づいている、生まれている、変化しつつある、そうした現在進行形の状況のなかに、過去―現在、そしてこれからを考えるヒントを見出す、それが民俗学である。

本書は、民俗学の研究のための、重要な概念であるヴァナキュラーと、重要な方法であるフィールドワークとを切り口に、具体的な民俗調査のエピソードから、民俗学の醍醐味を紹介していく。

民俗学をまなぶ意義

これから民俗学をまなぶみなさんには、具体的には次の三つのことの大切さを知ってもらいたい。

①フィールドワークは問いの発見のチャンス

民俗学は、人文学のひとつである。つまり、こころの豊かさを求めて、引き出しにものを蓄えていくような学問である。人文学があつかう、ことばや歴史、哲学、文化、音楽、詩や文学といったものは、すぐには何の役に立つかはわからないかもしれない。

しかし、社会に遍在する、答えとしていくつもの選択肢があるような課題、問うても正解そのものが意味をなさないような問題に対し、ものを考える材料を提示するのが人文学の役割である。フィールドワークは、生活の現場で考える方法である。そもそも何を考えるべきかを見出すために、フィールドへ出かけるのである。

②生活との地続き感ある問いを深める

民俗学は、他のフィールドサイエンス（フィールドワークを行う学問分野）よりも、無駄をいとわず、何年も人々と付き合いながら「生活」を理解しようとする。人と対話しながら愚直にことばを集め、一つひとつ資料と向き合いながら積み上げていくような「不器用な学問」である。

すぐにわかった気にならず、人々や地域の固有の文脈に最後までこだわり続ける「煮え切らない学問」であることを信条とするため、切れ味鋭い分析よりも、記述の厚さや観察の記録、歴史や文化の叙述を重視する。

③事実の積み上げで物ごとを理解する

歴史や文化の「叙述」と言ったのには、理由がある。歴史や文化は、人が描き出すものである。同じ事象を見ても、フィールドワーカーによって描き方は同じではない。

客観的にただあるがままを監視カメラのように描いても、そこに問いが生まれることはない。生活の営みのなかから、何をどう切り取って記述するのか、それをどのような文脈で伝えるかが重要であり、その意味ではまずは主観的であることが大切である。

フィールドでは、生活文化の多様性に敬意を抱き、そこに生きる人々の側に立ってものを見る。そして、暮らしの営みや価値観についての多くの事実や現象を吟味して、ひとつずつ理解していくのである。

あるく みる きく + つくり つたえる

『あるく みる きく』とは、かつて民俗学者の宮本常一《つねいち》（武蔵野美術大学名誉教授）が主宰した近畿日本ツーリスト株式会社・日本観光文化研究所が発刊した月刊旅雑誌のタイトルである。みずからの足でフィールドに赴き、自分の眼でものを見て、その地で生きているふつうの人々の語りに耳を傾ける。

それが宮本常一の方法であり、それこそが生活の歴史を記述する最善の方法であるという哲学が込められている。

わたしの民具研究の恩師である岩井宏實《ひろみ》は、宮本常一が奈良県の郡山中学校に教師として赴任していた折の生徒であったと聞いた。宮本常一の自伝的な著書『民俗学の旅』には、「生徒もまた打てばひびくようなすばらしい者が多く、放課後は歴史の研究室へやってきておそくまで話しこんでいき、それが私の放課後の散歩を阻碍《そがい》するようになっていった。しかしそうした中から民俗学や考古学を生涯の仕事として選ぶ者が何人か出てくることになる。」とあり、岩井も宮本常一の薫陶を受けたひとりであった。

その岩井は、フィールドワークにおける調査の態度を次のように書いている。

〔旅は、筆者補〕大いなる好奇心で、行く先々の風物やそこに住む人々の生き方や、物事に対する考え方や生活慣習などを知り、それを自らの意識や社会生活の糧とし、人生観なり世界観をつくりあげるのに役立てるものであろう。

すなわち、「歩く」「見る」「聞く」を基本とし、それに加えて「学ぶ」「造る」「伝える」ものである。この「造る」というのは、たんに直接生活に役立てる実学的なものだけではなく、形而上的とでもいえる精神的なものをも含めて、自らのなかで形成するものである。さらに、「伝える」はそれを個人に内蔵するのではなく、生活を共にする地域社会や、さらにいえば広く日本人の共感を得て、それを共有できるように知らしめるものであろう。各人のそうした意識と行動が〝旅学〟をつくりあげる。

（岩井宏實『旅の民俗誌』河出書房新社、二〇〇二年、一七九頁）

ここで言う旅とは、そのままフィールドワークと置き換えることができる。「あるく みる きく」に加え、人々と共有するために創造する「つくり つたえる」を行うことは、現代の民俗学にとって極めて重要なこととなっている。なぜなら、どんな民俗調査も、地域文化の再発見や、地域活性化と、切っても切り離せないものだからである。

論文や書籍として成果を出すだけでなく、例えば絵画や映像作品、インスタレーション、雑誌記事、マンガ、デザインなど、さまざまな表現によって、地域文化は共有し得る。そして、再発見した地域文化をテーマとした活動、ワークショップなど、「つくり つたえる」を地域において行うことは、現代においてはフィールドワークの一部ですらある。アートワールドで、社会関与型アート（ソーシャリー・エンゲージド・アート）の意義が問われる現代にあって、民俗学においても社会関与型の調査・活動が求められている。

民俗学にまなぶことは、純粋な学術研究にとどまらず、フィールドワークを通じた社会参加の方途でもあり、「つくり つたえる」による表現の過程でもあり、そして何より自分自身がより良く生きるための問いの発見の方法なのである。

さぁ、これからわたしのフィールドワークを追体験してもらいながら、みなさんを民俗学による問いの発見の現場へとご案内しよう。

© おおやまなつね

経験主義——今こそフィールドワークへ

「ヴァナキュラー」へのまなざし

民俗学の輪郭

人々の生活の文脈に着目する民俗学は、庶民生活の（＝ふつうの人々の）、歴史的展開（＝生活の移り変わり）から問いを立てる学問である。とは言え、生活とはさまざまな要素が相互に関連し合う全体であるから、その研究対象はとらえどころのないものである。民俗学は、あくまで現代に視点を置いて、今を生きるわたしたちの問題や地域社会の課題を、最も身近な暮らしの営みから考えていくような学問なのである。フィールド（野）で考えるから「野の学問」とも呼ばれる。

ヴァナキュラーの、もともとの単語は「土着の」、あるいは口語的な（日常的な話しことばでの）という意味であるが、民俗学では「人々の生活から育まれた」固有な文化とされ、この学問の中軸をなす概念である。暮らしの営みは、さまざまな造形表現をともない、それは、民家・民具・工芸といった物質文化に限らず、身体・表象・贈与・資源・時間・自然観・宗教観・芸能など、生活のあらゆる面におよぶ。公的な制度や学問的な知識からではなく、生活文化から育まれた独自な文脈が、ヴァナキュラーである。

民俗学では、具体的には次の項目を意識しながら調査を進めていく。
＊身近な生活の技や知恵（衣食住）
＊地域社会のなりたちや人のつながり（社会組織・家族）
＊暮らしを立てるためのはたらく技術（生業《なりわい》）
＊暮らしの時間感覚（年中行事・人生儀礼・葬送墓制）
＊こころの内にあって暮らしのよりどころとなるもの（信仰・儀礼）
＊環境や自然に対する認識（民俗知識）
＊身体を通じて伝承される表現（民俗芸能・競技）
＊ことばを介して営む文化（口承文芸・方言）など

注意しておきたいのは、これらは必ずしも失われた過去の地域社会のありよう、あるいは伝統的なむらのすがたのみを指すのではない。古文書を読み込めば、江戸時代の地域社会にヴァナキュラーを見出すであろうし、現代の地域の自然環境との向き合い方にヴァナキュラーを見出すこともあろう。

近年の民俗学では、文化財や観光文化、災害と地域社会、記憶と伝承、テクノロジーと人間、家族の営み、グローバル化と人々の生き方、環境問題と生活文化、現代人の死生観、情報と噂話など、現代的な課題に深くコミットする研究テーマが選ばれている。重要なことは、ローカルな文脈がどのようにかたちづくられ、またそこにどのような問題をはらんでいるのかを、見出すことであろう。

現代生活のヴァナキュラー

ヴァナキュラーとは、生活の文脈に依存し、匿名性のなかにある、経験主義的で、暗黙知を背景にした、日常に埋め込まれている生活の実践である。

日常のあらゆるものが例として挙げ得るが、例えば、現代の家庭で鍋料理を食べるときに用いるカセットコンロは、一九六〇年代に岩谷産業が発明して普及したもので、当時の名称はカセットフー（フーはフランス語で火の意味）といった。ガスボンベに充填されるＬＰガスと、それを圧縮して液化させるボンベの発明による商品である。

しかし、そうした商品が誕生する前提には、七輪など、家庭で移動させて用いる炭火用コンロや、囲炉裏で鍋ものの煮炊きをするための自在鉤《じざいかぎ》、五徳《ごとく》といった道具の歴史がある。何より家族が鍋の料理を取り分けるという作法や食文化が前提となっている。一方で、カセットコンロという道具の登場によって、家族の団欒のあり方も変化がうながされたであろうし、非常時の調理具として防災という別の文脈での役割も得た。

鍋料理は、旬などの季節感や、それを家族や仲間とともに味わう共食《きょうしょく》の文化と結びついている。また、地域性に富み、風土や自然環境とも結びついている。すき焼きはご馳走であり、特別感がある。北海道には石狩鍋やジンギスカン鍋、青森県にはタラのじゃっぱ汁があり、秋田県にはきりたんぽ鍋やだまこ汁、宮城県にはセリ鍋、新潟県にはのっぺい汁、能登半島はカニちり、山口県はフグちり、山梨県にはほうとう鍋、大阪府にはハリハリ鍋、福岡県にはもつ鍋がある。挙げ始めたら切りがない。それぞれに、旬があり、作法があり、こだわりや好みがある。この鍋料理にみる文化的多様性から、個別の文化の営みに着目するとヴァナキュラーがみえてくる。

ヴァナキュラーから考えると、カセットコンロはなるほど発明品であるが、生活文化の延長で登場したものであり、一企業が鍋で料理を分かち合う文化そのものを発明したのではない（匿名性）。そうした道具を用いて、美味しい料理を作るのは経験にもとづいており（経験主義）、その火加減や調理の過程をことばで説明することはできず（暗黙知）、具を取り分けていき不平等感なく食事をする作法は、食事文化（生活の実践）と結びついている。

モノとしてのカセットコンロは、調理しながら食事をする新しい生活様式を生み出したが、それは同時にその土地固有の料理や食材、そして新たなレシピのアイデアの受け皿となって、逆に食文化の多様性をうながす道具ともなっている。

美術史とヴァナキュラー

ヴァナキュラーな造形文化に対する理解は、美術作品の制作やデザインの実践における問いの源泉となり得るものである。実際、ヴァナキュラーの語は、文化の研究よりも先行して建築史において議論されてきた。

ヴァナキュラー建築ということばがある。その土地ならではの民家の形式や装飾の特徴を帯びた建築という意味であるが、この場合のヴァナキュラーは、一般の人々、あるいは庶民、素人といった語感がある。なぜならそこでは、建築家のような、専門的な知識や教育を背景に作り出すものとは異なる、その土地の知恵や生業、環境、風土と深く結びついた建築造形を問題としているからである。これを論じたのはバーナード・ルドフスキーである。一九六四年にニューヨーク近代美術館（MoMA）で開かれた展覧会の図録『建築家なしの建築』で、ルドフスキーは近代的な合理主義や科学的な知識から生み出される構造物とは異なる、生活の文脈によってかたちを成した民家や道具の世界の豊かさを広く紹介した。そうした発想を、設計のためのアイデアの糧にすることはもちろんであるが、その異なる基盤の上に成り立ってきた民家建築の独自性に価値を置く視点は、現代における文化的多様性を尊重する思考を先駆けている。

その後ルドフスキーは、身体や衣服などに関心を広げつつ、身体と空間、そこでの人のふるまいや仕草、作法などに考察を深めていった。一九八〇年には『さあ横になって食べよう』で絵画資料等から、人間の食事や睡眠、入浴、排便などの生活様式の歴史を描き出した。ヴァナキュラーの射程が、建造物から人間の身体、そして生活全般へと拡張され、ヴァナキュラーの造形文化研究としての展開をみた。

一方、文化に埋め込まれたヴァナキュラーは、その非作家性と日常性から、写真史の新たな視角として近年注目されている。ヴァナキュラー写真である。これを論じたのはジェフリー・バッチェンらであるが、バッチェンの『写真のアルケオロジー』は、写真史に名前を残すような芸術家による写真とは異なる、ふつうの人々の日常性のなかにある写真行為を二〇世紀以降における展開として位置づけた。すなわち、作品性を帯びた写真は、写真史において位置づけられ、「語られる写真」である一方で、一般大衆に普及したカメラによって人々が生活のなかで撮影するスナップ写真は、写真史に位置づけられない謂わば「語り損ねられる写真」である。デジタルカメラとカメラつき携帯電話、インターネットにおけるソーシャルメディアの普及によって、日常に埋め込まれた写真、すなわちヴァナキュラー写真が、社会の隅々まで普及したことが、現代の視覚文化の重要な転換であると言うのである。

こうした建築史や写真史において議論されたヴァナキュラーは、歴史に名を残す偉人の歴史をあつかってきた既存の学問を批判しつつ、そこに日常性を持ち込むことで権威を解体し、視野を拡張する意図があった。おのずと、生活のミクロな現場や、歴史に登場しないようなふつうの人々の営む文化が論じられる結果となり、ここに民俗学が対象とする生活文化との接点が生まれるのである。

日常の風景から

民俗学の物質文化研究では、日常生活で使用する民具や、地域の民俗芸能・儀礼における作りもの、玩具や呪物における民俗的な造形表現が、研究対象とされてきた。しかしこれをヴァナキュラーな造形表現と置き換えると、現代を含む各時代における、地域住民の日常性のなかにある創造的な営みが射程に入るようになる。そうなると、日常的な風景のなかには、実に面白い生活の造形があることに気づかされる。その背後には必ずヴァナキュラーが存在する。

①稲積みのホンニョ

「稲積みのホンニョ」は、宮城県宮城郡利府町で道路脇から撮影した秋の風景である。稲を収穫した後、稲穂を天日干しする方法には、稲架《はざ》と呼ぶ水平の棒に並べてカーテン状にするハザ掛けと、杭を立てて垂直に積み上げていくニオ掛けの二種類がある。ハザは土地の狭い山間地域では何層にも上に組み上げて稲穂の壁のようにするところもある。これに対し、「乳」という文字をあてるニオは、小屋のようなかたちに組むところもあれば、棒も使わず束ねて積むような簡素なものもある。名称には地域差があり、東北から北陸地方ではニオに類することばであるのに対し、近畿地方ではススキやスス、紀伊半島ではボウシ、四国地方ではクロとかコヅミなどと呼ばれる。

写真のホンニョは「穂のニオ」が訛ったものであろうが、宮城県北部では捻りながら螺旋状に積み上げることからネジリホンニョと呼び、ゆるキャラのモチーフにまでなっている。ニオは、どちらから見ても正面に見えるから、秋の夕日に列をなして歩いていく蓑を着た妖怪に見える瞬間もある。幕末の農具書『農具揃《のうぐぞろえ》』（一八六五年）には、「ニウは人形（にう）也」とすら書いているから、いつの時代も想像力を駆り立てるようである。このニオは、刈り取ったばかりの稲の茎に残った糖分が重力で下がって米に溜まるからとか、陽を浴びて糖度が増すとか説明される。科学的と言うよりは経験的にやってみたらそうなったという知識である。

現代においては、多くの人手を要し、重労働の稲積み作業は、質より量や効率性を求める農業への対抗、機械乾燥による脱穀作業への批判が込められている。理想を求めて現状を根本的に変革しようとする、ラディカルな労働である。稲積み作業をイベント化している地域もあり、そうした農業に共鳴するボランティアや都市住民との、交流の場ともなっている。稲をニオに積んで天日干しする作業そのものは、稲作に欠かせない工程であり、どこでも行われることであるが、それをどのようなかたちにして、何と呼び、その作業をどのように行うか、またその仕事をどのようなものとして位置づけるかは、それぞれの地域固有な展開があり、そこにヴァナキュラーを見出すことができる。

② 一〇〇〇枚を超える棚田

「丸山千枚田」は、三重県熊野市紀和町にある棚田で、江戸時代以来、土地の人々が斜面を切り開いて水田としてきた、文化的な景観である。見渡す丘からは、斜面が対角線状に連続する絶景を撮影でき、日本の棚田百選にも選ばれている。千枚田とは「たくさんある」という意味であろうが、実際には一三〇〇枚を超える小さな水田があり、江

稲積みのホンニョ（宮城県宮城郡）

戸時代はもっと多かったとされている。「一枚足りないと思ったら傘の下に隠れていた」と言われるほど、小さくて見過ごしてしまうような水田まであり、稲作への執念に圧倒される。

　山間地域では平坦地がないから、斜面を畑地にして雑穀や芋類、蔬菜《そさい》などの栽培をする方が効率的であり、実際この周辺の熊野地域の山村では、そうした生業が一般的である。ここに水田を作るのは、圧倒的に不利なのである。しかしこの地では、もうひとつ重要な生業があった。それは牛の肥育である。肥育とは仔牛を博労《ばくろう》（牛の売買や価値の見立てをする人）から仕入れ、大きく育てて売却することで利益を得る生業である。狭い田では仔牛で牛耕でき、足腰を鍛えられると同時に餌となる稲藁も確保できる。現在では労働用の牛ではなく、松坂牛の肥育地である紀和町では、良質な餌とするための稲のハザ掛けの風景も名物となっている。丸山千枚田の地域ではないが、熊野地域の古座川流域では、こうして育てた牛の良し悪しを見極めるた

丸山千枚田（三重県熊野市）

めに、農家が牛を持ち寄って競わせる田掻き競牛というイベントがかつては行われた。家族総出で弁当持参で見物する、さながら牛の運動会である。棚田の風景は、稲作以外の生業とも結びついているのである。

現在は、棚田のオーナー制度があり、田植えや稲刈りなどがイベント化され、棚田の維持そのものが交流を生み出している。収穫前には、棚田のあちこちに立てる案山子《かかし》に意匠を凝らして楽しみ、収穫後には案山子供養と称して豊作への感謝を込めて燃やす新たな儀礼も誕生した。棚田の風景には、その時代ごとの独特な事情が反映している。放棄すればすぐに荒廃するのが水田であるから、棚田の風景は人々の労働が維持され続けることが不可欠であり、まさに全体がひとつの生きもののようでもある。〝映《ば》える風景〟として消費されがちな棚田の風景には、地域固有な発達と、一人ひとりの人生、独自な作業の工夫や労働観が織り込まれており、そこにヴァナキュラーを見出すことができる。

③ネギボウズと一本木

「二毛作のタマネギ畑」は、和歌山県岩出市で撮影したタマネギ畑の写真である。タマネギは、ネギボウズと呼ばれる球状の花をつける。たくさんの花が集まっているものを聚繖花序《しゅうさんかじょ》と呼ぶ。その集まった花が、さらに無数にならぶ風景は、一種独特な雰囲気をもっているが、地元の人にとっては目にとめるまでもないあたりまえの風景である。実はこの耕地は、春から秋は水田である。温暖な和歌山県のうち、大阪に近く農業技術が江戸時代から高度に発達した紀ノ川流域では、水田を畑に切り替えて商品作物を栽培する二毛作が定着してきた。

紀州藩は、米の年貢は村ごとに厳しく課したが、二毛作の裏作収入は農家の稼ぎとなったから、その時代ごとの商品価値の高い作物を栽培してきたのである。タマネギ栽培は戦前から盛んであったが、大阪南部の和泉地域から紀ノ川流域では、北海道のブローカーが青田買い（収穫前に購入して独占すること）または、小屋買い（タマネギ小屋に干したものを小屋ごと購入すること）してくれるから、安定した農業として広く定着したのである。

しかし、稼ぎは良くても労働はキツいものであった。畑から水田への切り替えは、効率よく耕作しなければならない。しかもタマネギの収穫から次の田植えまでは二週間もない。そのため発明品のような独自な農具が数多く作られ、失敗作は消えていった。この畑はイノベーション（技術革新）の最前線なのである。整然としている風景の背後には、効率化や合理化の思考がはたらいている。

一方、奥に見える一本の高い木も印象的である。これは

二毛作のタマネギ畑（和歌山県岩出市）

この畑の角に立っており、隣の耕地との境界の目印であり、見た目の通り一本木と呼ばれる。ここは水田であるから、耕地と耕地のあいだには畦畔《けいはん》、いわゆるあぜ道があり、わざわざ境界を明示する必要もないと思い、農家の方に聞いてみると驚きの答えが返ってきた。

畑を水田に切り替える際に、畦畔の手前を削り、向こう側に土を塗り込む。そうすると自分の田が数センチ広くなる。それを数年繰り返すと、一列多く苗を植えられるようになる。こうして昔は水田の削り合いをして喧嘩になったものだと言うのである。そのため、現在では畦畔が削られぬよう、コンクリートで固める人が多く、それ専門の業者まであるという。

牧歌的な風景とはうらはらな、少しでも多く利益を上げてやろうという野心、効率化を求めて利益を設備投資に回す投機性、この風景にはそうした農家の闘いの痕跡が埋め込まれている。その土地ごとに固有な農業が存在し、それと向き合う人々の気風も違うのであり、そこにヴァナキュラーを見出すことができる。

④リズムのある風景

もっとミクロな労働の風景を紹介しよう。「屋台のお好み焼きの鉄板」は、賀茂神社（宮城県仙台市泉区）で行われるどんと祭の、テキヤのおっちゃんの露店のひとコマである。東北地方では、「どんどん焼き」（もしくは「くるくるお好み焼き」）と称して、箸にお好み焼きを巻いた縁日の定番の惣菜がある。九州などでは「ハシマキ」と呼ばれて親しまれているこのお好み焼きは、キャベツに火が通るのに時間がかかるため、限られた鉄板のスペースで数をたくさん作り続ける必要がある。しかし鉄板の熱で、順番に作業をしていくと左端のものを調理している間に右端のものは焦げてしまう。

そこで、鉄板を左右半分に分け、縦に四つのお好み焼きを三列で一二個をひとつの単位として、左右で一工程ずつずらして仕事をする方法が考案されたのである。写真の左奥で調理するおっちゃんから見て、右側が一工程先行している状態である。わたしが他の縁日の露店で観察すると、出来上がりの状態を揃えつつ、数をこなすという根底にある思想は共通していながらも、作業の工程や鉄板上の空間の構成には独自な工夫が見られる。一人ひとりの創意工夫がありながら、テキヤの親分から子分へと受け継がれる伝承性もある。

屋台のお好み焼きの鉄板（宮城県仙台市）

一方、「トロ箱の保管法」は、佐賀県唐津市の呼子《よぶこ》港で撮影した風景である。玄界灘の海の幸や、名物のケンサキイカをはじめ、さまざまな海の幸山の幸が並ぶ呼子朝市が終わった後、港町をぶらぶら歩いていたとき、目にとまった。
いわゆるトロ箱と呼ばれる魚を運ぶ木箱は、同じ大きさに規格化されており、毎日の水揚げと販売に用いられるので、その都度洗って干すのである。この場合、横向きに置かれたトロ箱のなかに、斜めに立てた箱を二つ重ねて左隅を下に入れ込む。そこに蓋を被せるように横向きにトロ箱を乗せる。これがひとセットである。これを三セット上に積み上げるとこのようになり、これ以上積むと風で崩れるおそれがあるという。魚の鱗などを洗い流した木箱を、水を切りながら風を通して、翌朝までには乾かさなくてはならない。限られた路地のスペースに邪魔にならないように最大限に積み重ねる。生活のなかから生まれた合理性の表現である。海の魚を入れるから、塩分で後ろのシャッターはそこだけ錆が進んでいる。

このデザインに感心しながら、わたしが写真を撮っていると、地元の漁師からは「何が珍しいんだ?」のひとこと。時化《しけ》の日以外は毎日水揚げされる魚、大正時代から元旦以外は毎日開かれてきた朝市。その毎日変わらない営みが、この土地に固有な生活のひとコマとして、トロ箱干しの風景が今日も、明日もそこにある。

トロ箱の保管法（佐賀県唐津市）

これらの写真にあるのは、日常性の造形的な表現である。日常性は、継続性に支えられており、毎日の、毎年のルーティーンが絶えず営まれているなかで、わたしはたまたまその日そこに居合わせてカメラを向けたのである。その生活の営みは、それぞれの地域の固有な事情から、またそれぞれの人々の創意工夫から、独自な文脈をもち、独特な価値観や労働の論理を生み出すものである。その独自な展開がヴァナキュラーであり、これこそがフィールドワークの現場で記述すべきものである。そうして切り取った生活のエッセンスを資料として、分析したり考察したり、また思索を深めつつ対話を進め、何かの問いにいたる。そこに現代の民俗学の存在意義がある。言うなれば、民俗学は民俗学者のものではない。誰もが自分のなかで取り組むものがあり、それに資する問いを、他者との関わりにおいて見出していく。

ヴァナキュラー、すなわち「ある社会に固有な生活文化」は、自分自身のなかにある〝あたりまえ〟の合わせ鏡である。自分が思う、きっとこうだろう、これはそういうものだ、という固定観念＝〝あたりまえ〟は、フィールドワークの現場では、ガラガラと音を立てて崩れていく。「そういうことを目指しているのか」「こんな人生もあるのか」「なぜそこにこだわっているのか」という、他者の生活とその価値観にふれるとき、自分のなかに問いが立ち上がることがある。人はそれぞれ違った人生を歩んでいるから、その問いも人によって異なる。民俗学は、問いを求める人のための道具であり、フィールドで見出すヴァナキュラーは、過去の人々のなかにだけあるのではなく、現代社会のいたるところに遍在しているのである。

「文化」の概念の大転換

古典的な文化観

文化ということばは、近代に入って作られた概念で、人間に最初から備わっているものと言うよりは、人間をどう理解するかというとらえ方のひとつである。人間は集団を形成し、社会を営み、宗教や権力などへの想像力を共有する。ひとりの人間を取り巻くもの、それが文化であり、人は文化を生きることによって人として存在するのである。

その文化を、学問上最初に概念規定したのはエドワード・タイラーというイギリスの人類学者であった。今から一五〇年ほど前に出版された『原始文化』のなかで、文化あるいは文明とは、社会の構成員としての人間が獲得する知識・信仰・芸術・道徳・法律・習俗、その他いろいろな習性を含む、複雑な全体なのだと書いている。この考え方の土台は、ダーウィンの進化論にあり、人間の社会の多様さは、社会の発展のプロセスなのだという理解に立っている。この古典的な文化観のポイントは、文化の要素は抽出することができ、それを分類して列挙することで、全体が描けるという考え方にある。アメリカでは、上記の分類を究極まで細かく分けた分類表フラーフ（HRAF, Human Relations

Area Files）というものが作られた（日本では国立民族学博物館で管理されている）。

しかし、こうした発達・系譜を重視した見方では、ある文化は進んでいて、ある文化は遅れている、といった差別的な理解につながってしまいやすい。あるいは自己を優位とみなす根拠となって、植民地主義、すなわち遅れた未開社会を先進的な国家が統治し、啓蒙するという権力性と結びつきやすいものである。アメリカのフランツ・ボアズは、文化の「違い」は、優劣や発達の進度ではなく、それぞれの固有さのあらわれだと考え、その見方は人類学や博物館の世界に広く受け入れられていった。これを文化相対主義と言う。文化の違いは相対的なもの、比べて違いが見えるだけのものというわけである。

欧米各国には、異文化を研究する民族学博物館と、自国民の文化的多様性や習俗の地域差を研究する民俗博物館が造られていった。第二次世界大戦前から戦後にかけて造られたこうした博物館では、それぞれの文化を個別に展示する方式がとられた。その前提は、文化は数えられる、つまりculture[s]と複数形にして並置できるというとらえ方にあった。言語や宗教、物質文化、儀礼など、さまざまな要素のセットで、文化を展示室に再現できるということが前提となっている。逆に言えば、人間は文化によって分断されていると考えられた。

文化観の転換

一九七〇年代に入り、文化の見方は劇的に変わった。文化はあくまで解釈するもの、人が異文化にふれて、それを丹念に記述することで「理解」にいたるもの、という考え方の登場である。すなわち、文化は発達の裏側にある規則性（科学的法則）からおのずと解明されるのではなく、自己が他者を理解しようと努力することで、描き出されるもの（解釈学的理解）であるという考え方である。その〝努力〟とは、具体的にはエスノグラフィ（民族誌）を書くという行為であり、その「厚い記述」、つまりできるだけ詳しい記述によって文化ははじめて理解できるとされた。

文化を、項目に分類して記述するものから、不可分に絡み合ったその意味を解釈するものへと一変させた考え方を強く主張したのが、クリフォード・ギアーツ（ギアツ）であった。ギアーツは『ローカル・ノレッジ―解釈人類学論集』のなかで、文化は、人々のあいだでの意思疎通によって示されている共有された意味だから、文化を共有しているということは、文字としても意味としても同じ言語を話し、世界観も分かち合っていることを意味すると述べている。

しかし、そうした「書く」という行為は、誰かが誰かを見るまなざしに支えられている。見る側と見られる側は、平等な立場ではないこと（非対称）がほとんどである。また、誰かの文化を、研究者がその人々になり代わって描いてあげる行為（表象）は、書かれる側の人々の「声」を奪ってしまうことにもつながる。こうした一九八〇年代の議論の中心は、文化を「書く」ことの権力性への告発であった。その代表的な本である、ジェイムズ・クリフォードらの『文化を書く』による批判と、文化を研究する学問の動揺は、書名をもじってライティング・カルチャー・ショックなどとも言われる。

さらに一九九〇年代には、文化を「書く」という行為の問題は、文化を研究する学問だけでなく、歴史学や文学など幅広い近代の学術にあてはまり、文化の背景には、常に支配と被支配の関係（権力関係）があるという主張が、文化の概念をさらに揺るがしていった。その代表的な本がエドワード・サイードの『オリエンタリズム』である。

文化を理解することの不可能さ

文化観の歴史からみれば、こうした近代に生まれた文化という概念は、その権力性を告発され、他者を表象する行為そのものの不平等性が明白になることで、いったん使いものにならなくなった。これは文学や歴史学、文化を研究する学問の問題にとどまらない。産業革命以来の科学技術の発展は、深刻な環境問題や重大な事故、人間性の疎外などによって動揺している。近代国民国家の根幹にあった、さまざまな知識や思想を統合する政治的なイデオロギーも、権力対市民、右派対左派といった単純な二項対立ではとらえきれるものではなくなり、経済的な発展も合理主義への懐疑や反動によって行き詰まっていった。こうした近代性の終焉から再出発する道が、ポストモダンの時代である。

現代社会においては、一人ひとりが文化を生きるという時代になっている。「純粋（ピュア）」で「真正（オーセンティック）」な文化など、この地球上にもはやありえない。もともと、隔絶された土地で自給自足の経済を営み、自然と精霊に従順な人々といったお伽噺《ときばなし》のような社会は、他者へのイメージのなかにしか存在しなかったのである。むしろ、人間はさまざまな人と関わり、多くのモノを消費しながら、いくつもの文化を自分のなかに取り込んでいくものである。断片的で混淆した文化が、一人ひとりのなかで形成され、人間が営むコミュニティもまた、そうした異種混淆（ハイブリッド）なものであるという前提に立ち、それぞれの固有さが生まれていくプロセスが重要視されるようになった。

クリフォードは、『文化の窮状―二十世紀の民族誌、文学、芸術』のなかで、ポストモダンの時代においては、文化をめぐって「消滅の語り」と「生成の語り」がコインの表裏のようにあらわれるとする。「消滅の語り」とは、文化を昔から大切に伝えられてきた伝統としてとらえ、近代化や産業化によってそれが消滅してしまうという視点である。おのずとそれを保護すべきであるという思想につながる。もうひとつの「生成の語り」とは、文化というものは常に創造され続けていくものであり、技術革新や異文化との接触によって新しいものを吸収していくものだという視点である。おのずと文化を活性化させて現代生活に生かしていくべきという思想につながる。

現代を生きるわたしたちは、根（ルーツ）は幻想である、すなわち本質的に日本人なるものなど存在しない、同じ文化をもつ並列化された人間など存在しないと突きつけられた。逆に文化においては経路（ルーツ）をたどることが重要となった。県民性をエンタメ化したテレビ番組が面白いのは、根（ルーツ）を確認したい、自分が何者であるかを知りたいというものがあり、その感覚わかる！あるある！と共感することそのものが、経路（ルーツ）をたどることにほかならないからである。もはや対象としての文化を理解するということそのものが不可能となったのである。

文化における人間中心主義を超えて

さらに近年は、複数の文化の尊重を謳う多文化主義に対し、多自然主義ということばも使われ始めている。文化ということばは、文化―自然の二項対立に置き換えられがちである。生物としての霊長類を自然とするならば、ことばを操り、道具をあつかう人間は、自然と対置される存在であるとされてきた。文化は、人間の自然に対する優位性の根拠だからである。

しかし、そこで想定されている自然は、ひとつである。文化相対主義以来、文化の側は複数となったが、常に自然は人間以外のすべてであり単一でしかなかった。ところが、世界のさまざまな人々がもち伝えてきた神話や伝説には、自然にはいくつもの側面があり、また自然と人間の中間にいて秩序を転倒するトリックスターとして現れたり、自然の側の動植物や気象現象が人間くさい人格をもっていたりするのは特殊なことではない。文化の研究においても、こうした神話や伝説は、「彼らはそう考えた」と異文化のなかに囲い込むことで「非科学的だが未開ではない」というような距離感を保ってきた。文化はわれわれの側の価値観がそれらに侵蝕されないための緩衝地帯として機能してきたのである。

近代科学や合理主義が行き詰まりを見せて久しい今日、多様な見方や発想や視座の転換が求められる時代にあって、改めてこうした神話や伝説が前提としている多様な自然観、複数の自然観に注目が集まっている。こうした発想の根底からの転換は、存在論的転回と呼ばれる動きであるが、エドゥアルド・コーン『森は考える―人間的なるものを超えた人類学』などはそれを知る入り口となる本である。

例えば、熊野古道歩きの立ち寄りスポットとして知られる継桜王子《つぎざくらおうじ》社の境内には、樹齢八〇〇年と言われる杉の巨木の森がある。すべてが一方向に枝を伸ばしていることから地名を冠して「野中の一方杉」として知られている。境内林であることと巨木としての霊性から、いつしかこの木々が熊野那智大社の方にのみ枝を伸ばしていると解釈されるようになり、自然崇拝を土台とする熊野信仰の霊験をあらわすものとされてきたのである。現地へ赴けば、密植された木々が日照を求めて一方向に枝を張らせていることに誰もが気づくが、木々が一心に那智の滝を遥拝するすがたを思い描いた人々の想像力にも、同時に共感を抱く。

野中の一方杉（和歌山県田辺市）

多自然主義という自然の側に主体性を見出す文化観を特徴づけるのがエイジェンシーという概念である。これは人間であるか否かにかかわらず、他のものに対して作用するすべての存在にエイジェンシー（主体性）を認めて、その関係性のなかに人間も位置しているにすぎないと仮定することである。この場合、わたしたちの身の回りのもの、例えば道具にもエイジェンシーを認める。道具は人間が作り出し、意味は人間が作り出すという前提をいったん放棄し、作られた時点で道具はものとして存在し、人間の行動を規定したり意識に作用したりするものととらえる。人間は人間が思っているほど周囲のものを支配していないというような思考に、わたしたちはすぐに順応できそうにない。科学主義や合理主義といった近代的思考は、いまだにわたしたちの思考を拘束し続けており、文化はその最たるものなのである。

文化が資源化する時代

それでも、文化は人間が客観的に観察可能な、実態あるものとして存在するという考え方は根深い。例えば文化資源化ということばがある。資源化とは、あるものを別の目的のために使うことを言う。例えば、食育と言ったときには、児童の栄養摂取を安定的に確保して健康を維持するという給食の本来的な目的に加え、給食を「使って」地域の歴史や文化、産業などについてまなぶ機会にするという構図があり、教育資源として給食を「使う」のである。文化資源化は、文化を「使って」、地域産業の活性化や観光の推進、雇用の創出、地域のプロモーションを図るという別の目的を達成しようとするのである。現代は、文化を「使う」時代であると言うこともできよう。

現代においては、文化を観光資源や経済資源として「生活」から切り離し、名物として商品化したり、名所を創り出したり、伝統文化として見世物化したりすることがふつうに行われる。また、ある土地を訪れる外部の人々に対して、その人々がもっているイメージや期待に地元の人々が合わせて、文化を提示したり見せたりすることもよくあることである。海沿いの港町は〝漁師町〟を演出し、山間の農村では〝昔懐かしい生活〟を演出し、都市においても〝下町風情〟を演出し、南の島嶼では〝南国情緒〟を演出する。このように、現地の人々が自分たちの文化を選び取って、加工を加え、再創造して提示することを、太田好信は文化の客体化と名づけた。生活を構成する自分と不可分な要素を、自分自身（主体）から引き剥がし（客体化）、それを「使って」（資源化）、他者に提示すると言うのである。

しかし、それは観光をめぐる現象にとどまらない。現代人は常にそれを行うことで、自分らしさや、アイデンティティを構築し続ける存在であり、いつも未完成な文化の〝今〟を生きている。その個別の文脈と過程にこそ価値を認めていこうと言うのである。

「文化を生きる」とは

それでは、現代における文化のありようが、経路（ルーツ）をたどるという、常に形成過程にあるようなダイナミズムに支えられていることを、どのように理解していけばいいだろうか。

例えば、「民族」という概念は、かつては、土着の文化を保持する地縁的・血縁的集団として客観的に識別するものであった。しかし、現代においては、文化を共有し継承することでみずからを位置づけるものとして、主観的に主張するものへと転換している。民族は人種ではなく、エスニック・グループを指し、それは文化によって結合するものである。いまだに根深い本質論では、民族は血縁や血筋、身体的特性、社会的出自など、自分自身ではどうにも変えようがない客観的な属性であると考える向きもある。しかし、現代においては、エスニック・グループに限らず、あらゆる集団は、他の集団との関係性のなかで意識されるものであり、外から見た特徴などの客観的な指標ではなく、むしろ帰属意識や自己形成などの主観的な属性と考えられるようになっている。

文化においても相通じるところがあり、例えば、みずからのアイデンティティを求める文化に対し、文化的に異なる人々からの差別や偏見、好奇なまなざし（根深い非対称なまなざし）を受けるような経験をしたとき、より強く自文化を主張したり、無理解を批判したりする行動への原動力となろう。そのとき、その人の内面において、文化は意味を強くもち始め、他者との関係性のなかから大切にしたい何かへと転換することもあろう。あるいは生きづらさから、文化への固執を放棄しようとするような葛藤も生まれるであろう。

例えば、美術大学に入った学生は、それまで生きてきた世界のなかでは絵が上手いとか表現が自由だと褒められるようなことがあり、自信を深めてその道に進んできた。しかし大学では、周囲には同じように絵が描ける同級生がおり、さらにこれは敵わないと思えるような先輩がいて、ときには教員に講評で完膚なきまでに否定され、自分自身が特別ではないと思いいたる。しかし、そこに価値観を共有する仲間がいて、それが連綿と築かれてきた伝統の上にあると感得し、さらに総合大学などの「一般大学」とは異なるメンタリティの形成を自覚するようになる。自己の表現したいものとの対峙や、社会とのギャップや他者からのまなざしが、美大生というアイデンティティを形成するプロセスとなる。それは、社会に出てから別のコミュニティへの参加によって大きく変容していくものである一方で、みずからの根（ルーツ）探しのなかでは、美大生であった自分というものが特別な意味をもち始める局面もあるかもしれない。

そうした過程そのものが、文化を生きるということであり、人はいくつもの文化を生きながら、自己形成を不断に続けるものであろう。文化をとらえる線引きは、地域や民族集団ではくくることができない。文化を生きるのは〝わたし〟自身だからである。

重層的な文化観

ここまで文化の概念をめぐる一五〇年あまりの経過をたどってきた。文化人類学の教科書などでは、こうした文化の展開によって、現代の文化はこうであると締めくくるのであるが、民俗学的な思考からみればそう単純でもない。と言うのも、すべての時代の文化観は、ときには互いに矛盾しながらも、現代という時代においてすべてが折り重なって存在し続けているからである。謂わば、フォークロア（伝承文化）としての文化概念である。

文化という概念が発明された当初、文化は諸要素が絡み合った全体だとしながらも、諸要素に分解することで抽出可能で、分類可能なものとされた。現在においても文化の研究においては、衣食住、生業、年中行事など、諸要素に分類して記述する方式がとられるし、民俗博物館のコレクションの分類などは、まさにこれに沿っている。加えて図書館や書店における書籍の分類など、文化を理解しようとするときには、あらゆるところにこの分類的思考が生きている。

文化は不可分に絡み合った総体であり、文化要素を比較して文化の発達の法則を探るのではなく、記述をすることで解釈・理解できるとしたギアーツの考え方も、そのまなざしの権力性への批判はその通りだが、「文化を共有している」ことそのものが文化のすがたであるという理解は、現在の文化ということばの共通認識であることに変わりはない。

文化を血筋や出自から逃れられないものとしてとらえる思考は、ある面においては差別的な見方、あるいは他者を他者として区別する思考の土台として存在し続けているし、反面、文化は今を生きるわたしそのものであり、これまで出会ったものすべてが血肉となっているのだという動的な文化観も同時に存在する。

文化を本質的なもので他者には理解できないものだと排他的になる思考と、自己から引き剥がして「客体化」し、それを売りにしていくような思考とは、根本的に相反するものでありながら現代社会においては奇妙に共存している。文化とはものの見方であるから、それぞれの時代の思想や思潮をグニャグニャと取り込みつつ、その時々の局面に応じていろいろな顔をのぞかせるものであるかもしれない。この御《ぎょ》し難い文化というものを放棄しては、人間は生きることができない。それとどう対峙するかは、一人ひとりの生き方によって創っていくしかない。

民俗学は、人々の生活の移り変わりに着目し、その地域や社会に固有なかたちで形成され続ける生活文化、すなわちヴァナキュラーを、フィールドワークという経験的な方法によって把握する、というアプローチをとる。これは、あくまでひとつのアプローチにすぎず、それが万能であるわけはない。これをまなぶ人の人生において、ひとつの切り口を提供できれば十分であり、あるときは文学や映画や音楽から、あるときは人との関わりのなかから、あるときは仕事や自己表現、社会参加のなかから、自分なりの文化観を形成していくであろう。重要なことは、文化とは、不断にかたちを変えながら、それを生きる人にとっての意味を問い続けるものであり、人はそれを生きることでしか、人生を豊かにすることができないということである。

「生活」こそが最前線

民俗学は近代という時代の産物

明治初期、日本は西洋化を通じて近代化を目指し、デフレによってその方向性はいったん挫折するものの、明治後期には軽工業や手仕事の分業から重工業へと移行し、国際社会の表舞台に頭角をあらわしていく。近代国民国家としての日本を確立していく上では、人々を国民として動員していく基盤が不可欠であった。すなわち国民が等しく共有する国の歴史と国民文化の創造であった。その一方、大学が整備され、国立博物館が創設され、博覧会で海外に日本が紹介されていく時代の趨勢に対し、文化の面から反旗を翻していった在野の知識人たちがいた。

「美術」としての洋画・日本画・彫刻といったファインアートと、調度品を装飾してきた日本独自の「工芸」から、取りこぼされ、前近代的で周縁化された存在であった郷土玩具や古物収集に興じる好事家たちは、徒党を組んで楽しみ、雑誌などの最新メディアを活用しながらネットワークを築いていった。一方、近代の工場労働に代表される単純労働による、人間疎外からの解放を重要な問いとして見出していった人々は、田園に理想を求め、土や海に生きる労働に意味を求め、新しい共同体の構築を夢見始める。同時代、農村では地に足のついた人格形成を目指す青年教育の意義が問われ、郷土にある文化的なものを採集したり、伝統的な芸能を復活させたりする実践が始まっていく。あるいは、近代アルピニズムに共鳴した山岳探検に挑む人々のなかには、登山記にその土地の風土や風俗習慣を記録する人々もあった。こうした裾野の広がりのなかで、ヨーロッパの国民文化運動や民族主義の隆盛によって、各国で民俗学が発達し始め、日本でもその理論書が読まれるようになった。考古学や民族学の心得のある人々も、この新しい民俗学という学問に参画するようになっていく。

「野」の学問の二つの意味

明治政府は、学術研究や教育の近代化のために、海外からいわゆるお雇い外国人を招聘し、大学に研究室を設定していった。考古学や歴史学、地理学などはそうした官製アカデミズムによって日本に導入され、海外の動向と連動しながら独自な発展を遂げていった。一方、民俗学はそうした出自をもたない。近代化の過程で、国民文化形成をめぐる葛藤や動揺のなかから、民間において立ち上がってきた学問である。

この時代、文学と農政学から出発して海外の理論を独自にアレンジして郷土研究法を確立していった柳田國男や、文明史的な経済史や民族学、風俗史、博物館などを独特なやり方で統合した渋沢敬三など、のちに「民俗学の父」と称される人々が出現した。

民俗学は、各国それぞれの成り立ちや背景をもちながら、それぞれに在野の知識人たちによって形成されたものであり、在野の学問であるという意味で、「野」の学問と呼ばれる。「野」の学問には、フィールドワークをする「野」(の＝フィールド)としての意味と、大学や研究機関ではない在野を意味する「や＝ノン・アカデミック」の、二つの意味があるのである。

この時代における民俗学のレゾンデートル(存在理由)をひとことで言うとしたら、どう答えますか?と、柳田國男に問うたら、きっとこう答えるだろう。

「それは「内省」である!」

民俗学という学問がかたちを成し始めた一九三〇年代、「内省」という自分の足元をみつめ直そうというもの言いは、柳田國男が生きた時代特有な問いでもあった。

自分が慣れ親しんできた身近な生活文化を研究することは、「内省」つまり自己反省、自分自身の〝あたりまえ〟を問い直すことにつながると、柳田は説いた。自分にとって〝あたりまえ〟なことを疑うこと、すなわち日常生活から立ち上がる問いをもつことができる国民を育てることが、彼が生きた時代において重要な課題だと思われたのである。つまり人々が「わたしとは誰か」という問いにさいなまれ続ける時代に生まれた学問が、民俗学であった。

〝あたりまえ〟を問い直すことの不可能性

現代という時代は、柳田國男らが民俗学を構想した時代とは何もかも異なるが、しかし「わたしとは誰か」を問うことが、一人ひとりの人生において切実なものとなっているという意味では、わたしは似たところがあるのではないかと考えている。既存の価値が揺らいでいる。もはや日本文化といったときに、日本人が心のよりどころとするものだと、単純に言い切れない時代である。文化は、心のうちに「ある」ものを再認識する、あるいは体系立てられているものを「まなぶ」もの、というような確固たるものではなくなった。そうした文化観は、ステレオタイプな見方の土台、かつ差別をはらんだ非対称なまなざしの温床であるとみなしたことで、わたしたちは「文化を生きる」という葛藤を切実なものとして抱えるようになった。文化は、自分自身が意味を見出し、位置づけ、実践し、みずからのなかで構築していくものだからである。

〝あたりまえ〟なことは、ステレオタイプな見方と、差別をはらんだ非対称なまなざしに通じている。それはわかりやすい文脈や、居心地の良い自分自身の領域と不可分であるから、そこに問いをもつのは簡単ではない。とくに、身近な生活のなかにある〝あたりまえ〟は、それに気づくことすらできない。なぜならそれは、〝あたりまえ〟だからである。この循環論法は、論理的には破綻しているが、しかし生活とはそういうものであろう。

わたしたちは、自分自身が意識しないところで、あらゆる場面で文化による規制を受けており、身体化された日常生活に問いをもつことは、生活者としての視点からは不可能である。問いを生活の現場から立ち上げて、生活のなかの〝あたりまえ〟に気づくにはどうすれば良いのだろうか。

〝あたりまえ〟との付き合い方

〝あたりまえ〟を問い直す方法は、近年その価値が再考されている質的調査に通じている。例えば、アンケート調査はたくさんの回答を集計して全体的な傾向を割り出すのであり、意外な結果から〝あたりまえ〟がそうでないと気づくこともあるが、概して〝あたりまえ〟が可視化されたり数値化されたりすることを期待してしまうから、そこに想定された〝あたりまえ〟は容易には覆らない。一方、少数の意見のなかには、声にならない声が含まれていることがあり、生きづらさや、抑圧された人々の存在が浮き彫りになる可能性がある。そこまでいかなくても、何となくそれでいいのかという疑念を抱いている人や、これには屈したくないというような抵抗も含まれているかもしれない。民主主義とは、多数派の論理と同時に、少数者の権利の尊重を前提とすることで、自由を保障する社会システムである。声が社会に届けられない、声を上げても届かない人々の声は、丹念に耳を傾けなければならない。ここにインタビューや、観察といった質的調査の意義がある。

一方、民俗学があつかうのは、社会から疎外された状況にある人々だけではない。ふつうの人々のふつうの日常にある、ふだんの衣食住といった意識すらしないようなものも対象となる。そうした何気ない日常にあるのが、ヴァナキュラーである。その土地に固有な生活文化は、当の本人には〝あたりまえ〟でも、その土地になじみのない者からみれば、奇異なものにすら見えることがある。

例えば、愛知県の人々にとってなじみ深い軽食に、小倉トーストがある。焼いたトーストにバターやマーガリンと「小倉」、つまりゆであずきを乗せて食べる小倉トーストは、ボリュームたっぷりで有名な喫茶店のモーニングの定番である。近年は、味噌カツや味噌煮込みうどんなどと並んで、独特なレシピとして「名古屋めし」のひとつにも数えられる。小倉サンドや揚げパンなどもあり、拡張し続ける生きた食文化である。一説には、大正時代にハイカラな食材であるバターを乗せたパンを、学生がぜんざいに浸して食べたのがはじまりとも言われるが、その真偽はともあれ、愛知県民にはなじみ深い食品なのである。

わたしは静岡県生まれであるから、小倉トーストは喫茶店のメニュー、すなわち外食のレシピという認識であった。より遠隔な東北地方や九州地方の人々にとっては、存在すら知らない人もいるであろう。

小倉トースト（愛知県名古屋市）

この「小倉トーストは美味しい」は、〝名古屋人〟には〝あたりまえ〟、そうでない人には〝あたりまえ〟でない、という分断をはらんでいる。他人のヴァナキュラーは、異文化である。しかし、「名古屋の喫茶店の小倉トーストは美味しかった」という〝名古屋人〟以外の人の感想は、「彼ら」（〝名古屋人〟）の文化を「わたし」が受容し、異文化を認めた経験の話を、さらに別の人に語って聞かせている状況である。一方、「実家に帰って小倉トーストを食べると懐かしい」は、生まれ育った愛知県を離れて暮らす人が、みずからの文化を客観的にみる視点を得て、そこに誇りを抱き、特定の食品によって〝名古屋人〟としての自分のアイデンティティを確認している状況と言える。

〝あたりまえ〟をみつめ直すには、他所《よそ》から自分の位置をみつめるような視点を得ること、あたかも幽体離脱して自分のすがたを見るような視点を得ること、すなわち文化を客体化（自分から引き剥がして見て、再評価する）することが不可欠である。

文化の客体化の二つの方法

自分の顔の現物を、自分の目で実際に見ることはできない。

自分のなかの〝あたりまえ〟をとらえることの難しさを、「自分の顔」を例としてみて、「誰も自分の顔を見たことがない」と置き換えてみてはどうだろう。

自分が生きる文化も、ふだんの暮らしを営んでいるなかでは意識することができない、つまり〝あたりまえ〟すぎて意識することができない。それでは、自分自身についてのイメージを得るにはどうすれば良いのだろうか。

ひとつは、「鏡」のような道具を使って、そこに映ったすがたから自分を認識する、という方法がある。同じように、「わたし」を投影し得る表現に向き合い、描かれた画題を鑑賞したり、作品の登場人物に感情移入したりするなかで、自己を知る手がかりを得ることがある。これは、人文学においては、美術、文学や詩、演劇や映画などの役割である。

もうひとつは、他者との出会いや別の暮らしを知ることによって、自分に返ってくる問いを得て、他者との対比によって今ある自分を認識するという方法である。また、過去の人々の生活の営みを知って、現在の生活と対比するような視点によって、自己を知る手がかりを得ることがある。これは、生活の移り変わりに着目する民俗学（あるいは人類学・社会学）や歴史学の役割である。

再帰性とは

このブーメランのように返ってくることで文化が意味をもち始めるような、現代の文化的状況は、再帰性というキーワードでとらえることができる。

再帰性とはひとことで定義するのは難しいが、これまで地域の伝統文化として〝あたりまえ〟に伝えられてきたことが、「なぜその伝統を守らねばならないか」といった「根拠」や「理由」を求めるようになる状況のことを言う。現代社会は、一人ひとりが自分自身の生きることへの「理由」探しをし続けなければならない時代である。現代人は、アイデンティティを模索し続けなければならないということを、宿命のように負っているのである。

再帰性の時代、民俗学において重要なことは、フィールドワークを通じて三つの側面に自覚的であることである。

①フィールドワークを通じて、他者の生活の現場に参加すること

すなわち、「小倉トーストは美味しい」という人々の暮らしを垣間みることのように。

②フィールドの人々の生活の理解は、経験に基づいた共感の過程であること
すなわち、「名古屋の喫茶店の小倉トーストは美味しかった」と実感することのように。

③他者を知れば知るほど自分を知ることになるということ
すなわち、彼らが「実家に帰って小倉トーストを食べると懐かしい」と感じるように、わたしにとっては「実家に帰って○○を食べると懐かしい」と対比するように。

この三つによって得られる、ブーメランのように自分自身に返ってくる理解は、フィールドワークの根幹を成すものなのである。

問いにつながる課題設定・問題発見

フィールドワークやライブラリーワークからさまざまなことを考えていくとき、課題設定はどのように行っていくか。あるいはそこから問題発見にいたるための道筋を、どのようにつけていけるか。ここでは三つのアプローチを紹介してみたい。

第一に「問題解決型」のテーマである。これは移民問題で例えれば、「移民への偏見はどう解決できるか？」という問いである。どちらかと言えば目の前に共有されている課題や問題があって、それに対して処方箋を出すような社会科学に適した向き合い方で、人文学の研究にはあまり適さない。解

決できないところに問題の核心があることが多いのであるから、最初はこのスタンスで向き合っていても良いが、理解が進むなかで、問題の根底にはいったい何があるのか、その課題は別に起こっている問題と根っこは同じなのではないか、といった気づきへと進むことが重要である。

第二に、「因果関係解明型」のテーマがある。これは移民問題で例えれば、「移民への偏見はなぜ生まれるか?」というような「なぜ」から始まる問いである。ただ、これは一見すると研究らしくみえるが、問題を一面から理解して満足することに陥りやすく、思慮が足りないまま結論を出してしまうことにもつながりかねない。人文学は「Why」よりも、「How」を追究する学問であるから、「なぜなのか」よりも、「どうあるか」を描き出すことから始めるのである。

第三に、「状況描出型」のテーマがある。これは移民問題で例えれば、「移民への偏見はどのように存在しているか?」という問いである。このスタンスは、最も丹念な取材と真摯なテーマへの向き合い方が求められ、人文学的と言える。一方で、結局結論は煮え切らないものになりがちで、単なる事例報告や状況報告に終始してしまうことも多い。しかし、安易な答えよりも、状況の観察のなかに、本当の意味で考えるべきことや、大切にしたいことが潜んでいるのであり、それに思いいたるには、相応の労力と時間を要するのである。

いずれの形式においても、なぜその現場の問題に着目しなければならないかという「問題意識」を研ぎ澄ますため、ふだんからいろいろなことに関心をもち、多くの本や作品にふれていくライブラリーワークが不可欠である。作品の内容そのものにまなぶことはもちろんだが、著者や制作者が何を問いとしてもっているのかにまなぶことが重要であり、それを受け取るみずからのアンテナを高くし、かつ感度良くしておかなければならない。そして琴線にふれたら、そこから芋づる式に関連する本や作品を参照していくのである。フィールドワークとライブラリーワークは、どちらか一方で問いが形成されることはない。クルマの両輪のように駆動させていくことが、何より重要なことであろう。

民俗誌と記述の不可能性

生活とそこにあるヴァナキュラーを、見出し、記述するのが民俗学者の仕事である。それをするには、この編み目のように関連し合った生活の全体像を把握するまなざしが必要で、それは「民俗誌的な思考」である。民俗誌は、その土地の生活のありようを、諸要素を関連させながら記述するものであり、村であれ地域であれ、ひとつの地域を対象とすることからモノグラフとも言われる。わたしたちは、民俗誌という文章を書くことを「民俗誌を描く」と表現する。人々の生活を描き出すことは、民俗誌の目標であるが、フィールドワーカーのまなざしや理解が前面に出るものである。他者と共有可能という意味では客観的な記述を目指すのだが、調査の過程で理解にいたるものであるから、どの切り口で何を見出し、どう伝え得るかが勝負どころと言える。ドローイング、つまりどういう線を引くかが問われ、そこに営まれる関係性のなかでどういうペインティングで色を置いていくかを試行錯誤していく。わたしは、民俗誌を描くことは、絵画を描くことと似ているととらえている。

民俗誌は、描かれる人々の日常があり、調査者のまなざしによって記述されるものであるが、書かれた文章もまた別の日常を生きる読み手によって解釈されるものである。文学であれ、演劇や映画であれ、作品の時代背景や、その作品が生まれる状況が描き出され、それが鑑賞者と共有されてはじめて何かを伝え得る。生活を描き出す民俗誌においては、調査する者／される者、記述する者／それを読む者といった、いくつもの他者のあいだで「共有」することが必要となる。しかし、人は誰しも自分の生活の日常を生きているから、そこにステレオタイプな他者理解や偏見が介在することを避けられない。かつてわたしは民具研究者の朝岡康二から、「異文化理解は勘違いの産物」、すなわち見たものをどう理解するかは自分本位なものでしかないと諭されたことがある。フィールドワークにある「記述」と「翻訳」の問題に、民俗誌は付き合い続けなければならないと言うのである。

民俗誌を記述して、誰かに読んで理解してもらおうとするとき、「翻訳」の問題につきあたる。文化を「記述」し「翻訳」し「共有」することは可能だろうか。例えば最近の日本人の会話で、「おつかれさまです」という便利なことばがある。言うまでもなく、これは疲れているか否かを質問しているのではない。あいさつ以上のさしたる意味はないが、相手に対してカジュアルなかたちで敬意を示しつつ、次の発話をスムーズにする潤滑油のようなものであろう。すなわち「おつかれさまです」は関係性のなかに存在し、コミュニケーションの上では語意よりもそれ自体が道具のようなことばであり、社会のなかに埋め込まれた文化的なものである。これを外国人が目の当たりにして、その「おつかれさまです」について生活の文脈も含めて伝えることは可能だろうか。民俗学者が見出そうとするのは、そういう日常に埋め込まれた価値や意味である。そこには、「記述し得ない」という不可能性が横たわっているが、それでもことばを尽くして「翻訳」しようとするのが民俗学者の仕事なのである。

「フィールドワーク」の技法

民俗学のフィールドワーク

民俗学ではより身近な暮らしのなかに問いを求めて、現地調査に赴く。その調査の対象は、ふだんの暮らしのなかの衣食住、農業や漁業などはたらく技術や仕事、ものづくり、地域社会や家族のあり方、現代の企業文化のようなはたらく仲間、学校のようなまなびのコミュニティ、人生儀礼や年中行事などの時間、芸能や音楽などのパフォーマンスなど、多岐にわたる。それらを実際の暮らしの現場に立ち会って行う野外調査のことを、フィールドワークと呼ぶ。野外調査とは、研究室や実験室での研究に対しての野外であり、屋外という意味ではもちろんない。フィールドワークの対になるのは、ラボラトリーワーク、ライブラリーワークと言える。

民俗調査の内容は、具体的には人々への聞書き・インタビュー、地図を片手に歩いて調べる踏査、資料調査（古文書や民具、石造遺物…）、祭りや儀礼の記録・調査、作業などに実際に参加する参与観察などである。総じてアンケートや統計調査などの量的調査ではわからない、ミクロな文脈に着目し、暮らしの実像や人生に迫るための質的調査が、民俗学のフィールドワークである。

調査の現場で大切にしたいこと

フィールドワークでは、自分のなかの〝あたりまえ〟を疑うことが重要である。と言うのは、言うは易しであるが、そう簡単にわたしたちは物事を相対化することはできない。わたしは常々、どんな調査のテーマであれ、フィールドワークで問いを見出すための準備として、次の四点の態度が重要だと学生たちに話してきた。

①よく見て、よく考える

そのフィールドへ赴いた目的のものを確認して帰ってくるのは、フィールドワークとは言えない。ある風景でも、ある行事でも、それを見られたと興奮しているうちは、何も発見していないことが多い。むしろ現場で気になったこと、不思議に感じたこと、予想と違ったことなど、何らかのズレのなかに次につながる疑問が隠れている。自分の琴線に何がふれるのかを、自分自身で観察するような醒めた目も必要なのである。

②インタビューでデータをすべて集めようと思わない

質問に対して語られることは、ひとまずは「説明」であるから、質問に対する回答と言うよりは、「この人はこのことをこう説明するのか」と解釈の部分を読み解くことが求められる。また大事なことや、価値観、感情は語り得ぬことが多いから、形式ばったインタビューよりは、何気ない会話のなかにこそ、考えるべきことが潜んでいることが多い。また、書かれたものやモノを通じて理解することもあり、聞書きは調査のひとつの方法でしかない。

③ライブラリーワークとフィールドワークの往復

読書はたくさんすればいいというものではない。研究書であれ、小説のような作品であれ、資料集や記録集であれ、本は自分自身の心のもちようで、ある記述が意味をもったり、目にさえとまらなかったりするものである。フィールドでもった疑問やわからないことに一対一で解答を出してくれるような本があるわけではないから、何を答えとして参照するかはライブラリーワークとの往復のなかで作り出さなければならない。

④調査の過程で得た疑問や発見を最重視する

フィールドで、「わからない」ものに直面したとき、「わからない」は不安なことであり、わたしたちは安易にわかりやすい説明を探しがちである。そこには、ステレオタイプなイメージをあてはめたくなる誘惑がある。それに打ち勝つことは容易でないが、少なくとも「世間ではこう言われている」、「ふつうに考えたらこうだ」ということに意識的であるだけで、落とし穴の存在には気づくことができる。わかりやすい文脈ほど危ういものはない。

これらは、民俗学者が自身のフィールドワークのなかで、生涯立ち向かい続ける葛藤であり、実際のところ、上記を体得した仙人のような調査者は存在しない。葛藤そのものが問いの源泉でもある。民俗学者が調査の過程と成果をまとめ上げる民俗誌には、ステレオタイプでわかりやすい文脈との葛藤が織り込まれており、葛藤にこそフィールドワークの真価が問われるのである。

「お守り言葉」を超えて

わたしたちがフィールドワークを通じて問い直したい〝あたりまえ〟は、慣習や行動のようなかたちのないものであるがゆえに、とらえどころがないものである。しかし、それがことばを獲得するとさらに厄介な存在となる。

例えば、阪神・淡路大震災以降、広く受け入れられていった「記憶」ということば。震災の「記憶」を忘れないとは、もの忘れのことを言うのではない。社会的な記憶として刻み込むといった、使命感や危機感に満ちたことばである。そして誰もそれを否定する者がいない、と言うよりその余地がない。例えば、東日本大震災以降、広く受け入れられていった「絆」ということば。「絆」とは文学的な意味でのことばではない。災害によって物理的にも、社会的にも分断されてしまった人々の紐帯《ちゅうたい》を、つなぎとめようということばである。くどいようだが、誰もそれを否定する者がいない、と言うよりその余地がない。例えば、「文化財」を守りましょうと言う。なぜならそれは文化財だから。そしてそれは後世の人々に対するわたしたちの責任である、とされる。

「記憶」や「絆」、「文化財」などは、人々の団結のための号令となり、より良い社会を作る道筋を照らす灯火でもある。しかしさらに特定の時代のことば探しをしてみると、「国体」「日本的」「皇道」「八紘一宇」「国民精神」といったことばもある。第二次世界大戦中、国民を総動員していく号令として使われたことばである。当時の社会的、政治的文脈においては、より良い社会、幸せな未来を作る道筋を照らす灯火として機能したものである。実は、社会に無批判に受け入れられ、容易に浸透していくことば、わかりやすいことばほど危ういものはない。そこに横たわっているのは〝あたりまえ〟を疑う視点の不在である。

このことを指摘したのは、哲学者で大衆文化の歴史を研究した鶴見俊輔である。彼はこうしたことばを「お守り言葉」と呼んだ。鶴見俊輔は論文「言葉のお守り的使用法について」のなかで「お守り言葉」について「人がその住んでいる社会の権力者によって正統と認められている価値体系を代表する言葉を、特に自分の社会的・政治的立場をまもるために、自分の上にかぶせたり、自分のする仕事の上にかぶせたりすることをいう」と述べている。前掲の「皇道」や「八紘一宇」などは「言葉のお守り的悪用」の代表例であると言い、同時代の思潮について深い批評を加えた。

こうした慣習としての〝あたりまえ〟や、それが概念化して強固に定着していく「お守り言葉」が、どういう土台の上に横たわっており、それによってわたしたちはどういう拘束や規制を受けているかに、〝気づく〟視点をもつのは人文学の役割であり、アーティストの役割でもある。

アーティストのフィールドワーク

近年、アーティストが行うフィールドワークが注目されるようになっている。二〇〇〇年代に隆盛を極めた地方開催の芸術祭が飽和状態で目新しいものでなくなり、町おこしと結びついたアーティスト・イン・レジデンスや、地域活性化へ深く関与するアートマネージメントなども、ふつうに行われるようになっている。アーティストが地域に住み込んで制作の実践を行うことは、そこに地域住民も自覚していない地域ならではの固有な文脈をいかに見出すかや、その土地に蓄積されてきた風土や文化をどう浮き彫りにするかなど、まさにヴァナキュラーを見出すことが、重要な論点にもなっている。加えて、エスノグラフィックな制作実践、すなわち完成した作品そのものよりも、制作の過程（プロセス）、あるいは活動そのものを作品とみなし、共有していくような作品観の転換も背後にある。

フィールドワークに対しては、アーティストの側からは、制作においては作品のリアリティ、作品のアクチュアリティの獲得や、パフォーマンスよりもプロセス、場所性や関係性、物語といったものへの期待がある。また、展示室、とくにホワイトキューブからの離脱や、パブリック化しすぎたアートイベントや、アートの産業化への対抗から、「野」にフィールドを求める動機もあろう。

現代のフィールドワークと地域実践においては、ソーシャリー・エンゲージド・アート（社会関与型アート）、ソーシャル・インクルージョン（社会的包摂）、カルチュラル・ダイバーシティ（文化的多様性）、コラボレーション（協働）など、近年のアートを取り巻く社会からの要請と深く関わっているが、どのような関わり方を構築するにせよ、エスノグラフィや質的調査への関心は、今後も重要なトピックであり続けるであろう。

エスノグラフィの思考

こうしたアーティストの謂わば民俗学的な身振りは、美術評論家の福住廉によって「アートの民俗学的転回」として論じられることもあるが、実際の制作実践の目的はどこへ向かっていくのであろうか。フィールドワークそのものも方法論不在であり、アーティストそれぞれの名人芸的な地域との関わりに委ねられている部分が大きいことは、民俗学からみれば非常に危惧を抱かざるを得ない。ただ地域住民と共同作業をすればいいというものではない。また現地で得た安易な印象から作品を制作し、それを地域に展示して不快感をもたれるような例も少なからず目にする。地域住民の価値に迎合すればいいというものではないのはもちろんであるが、明らかにコミュニケーション不在の作品では、エスノグラフィとしての不十分さを指摘せざるを得ない。

近年、ビジネスや国際援助、医療やケアの臨床など、さまざまな場においてエスノグラフィということばが使用されるようになった。直訳の「民族誌」から派生し、ミクロな場の文脈の理解のための継続的な関与といった意味である。ものづくりやデザインの現場でも、科学や合理性を背景としたつくり手の発明を、おしなべて普及していくようなものづくりから、個々の現場に適ったもの、多様な人間社会をふまえたものづくりへと移行するという考え方に立脚している。すなわち、まず使う人の生活に着目し、ふだんの生活の「現場」やはたらく「現場」に入り込んで、コミュニティやユーザーをつぶさに観察したり、対話したりしていく、という考え方である。この過程をエスノグラフィ、質的調査と呼ぶ。

オフィス機器をあつかうメーカーで、メンテナンスや製品開発の現場に文系の大学生を新規採用する動きが広がっている。製品が使用されるオフィスという現場では、どのような価値観に基づく行動様式があるか、生活動線の上で障害となっている点はどこにあるかなど、当事者あるいは生活者との対話のなかで考えていくニーズに対応した動きである。生活の現場の独特の文脈に着目するエスノグラフィは、文化の研究やアートの世界にとどまらず、エンジニアリングや医療・介護など、さまざまな業種に広がりをみせている。

ローカルな知の魅力

フィールドでわたしたちが出会う生活文化のありようとは、地域社会の伝統的な文化的慣習や価値観、身体技法や民俗知識に裏づけられた環境認識を土台に、現代社会のさまざまな要素が作用して、生活の現場が作り上げられていく過程である。そこでは、もともとあるローカルな知を参照しつつ、その都度の状況への対応のなかで、さまざまな決断がなされていく。つまり生活文化とは、規範や法則、ルール、定理から設計図を描くように決定されるものではなく、現場のあり合わせの知識のパッチーワークのようなものである。こうしたその場しのぎの組み合わせによって状況に対応していく知恵を、ブリコラージュ（器用仕事）と言ったりする。

かつて、一九七〇〜八〇年代に活躍した文化人類学者のクロード・レヴィ＝ストロースは、余剰の材料やそこらに転がっている切れっ端を使って、まったく別の目的に使う道具を作り出してしまう知恵について紹介し、それをブリコラージュと名づけた。これこそが近代科学やエンジニアリング、あるいは農場で作物を栽培するような思考とは対極にある、「野生の思考」であるとした。それは道具にとどまらず、世界中の神話も同じように、断片化されたエピソードの寄せ集めでできており、一見すると世界観として一貫しているようで、実は矛盾をはらみ、かつ隣接する文化からの流入など差異を含んだものであるとした。どんな文化も寄せ集めの状態にすぎない、それが文化の本質であるとしたのである。

このブリコラージュ的思考の概念は、一九九〇年代に流行したカルチュラル・スタディーズという現代文化研究において、拡張された。これはサブカルチャーに特徴的な現象であるが、新しい文化的なアイデンティティ（例えば、オタク文化）が生まれる際に、同時代のさまざまな要素を取り込んで、時にはまったく関係ないジャンルの考え方や要素まで、なかば闇鍋的に飲み込んで肥大化し、一人歩きしていくということがある。カルチュラル・スタディーズでは、まさに「野生の思考」に基づいたブリコラージュが起こると説明した。

カルチュラル・スタディーズそのものは、その後急速に萎縮していき、現在はその学問の名を口にする者もほとんどいなくなった。しかし、ローカルな知識や生活文化が、常に状況依存的に変化しつつ、普遍的な人間の文化に通じていくといった動態的な性格（ダイナミズム）をもっているという共通認識だけは現代の文化の研究に、広く浸透している。そこに魅力を求め、フィールドワークを再評価する向きもある。予測不能で、設計図を拒むような、地域に固有に形成されていく生活文化は、まさに寄せ集めのブリコラージュで、独自な文脈をもっている。

ナラティヴ（語り）の位相

このように文化を動態的ととらえるのと同じように、人々の語りも常にある対話の状況のなか生成するものとみなさなければならない。語りは、単なる説明ではない。インタビュアー（質問者）とインタビュイー（話者）の関係性や、その立場の非対称性、語る状況や話者自身の意図など、ナラティヴ（語り）とは状況のなかで生まれるものである。

例えばある話をおじいさんに聞書きしようとするとき、いくら打ち解けた仲であっても、それを民俗学者が聞くときは、話者の方も「正確に話さなければ」とか、「うまく説明できるだろうか」などと考えながら語るのがふつうである。一方その同じ話を、小学生が尋ねる場合は、少し誇張したり、子どもの世界のなかで知っていることばに置き換えたりして語るであろうし、何よりこれを話してあげたいとか、別の意図も入ってくるものである。

ナラティヴとは、ある状況や関係性のなかで生まれるもので、まさに一期一会である。同じ話者に同じ話を聞いたら、次は別の語り方になるだけでなく、語ることの意味やその話の役割も変化する。加えて、語りとは引き出しから出してくるようにすでに記憶のなかに〝ある〟ものでもない。語ることで断片的なエピソードは整理され、語る相手との関係性において編集され、時には教訓じみたり、あるいはパターン化した〝ひとつ話〟にはまったりする。ナラティヴとは、話者自身が、対話のなかで組み上げていく自画像である。これは特殊な状況のことを言うのではなく、語る行為とはそもそもそういうものではないかということである。ことばで語ったり、文章を記述したり、あるいは絵を描いたり、どんな方法であれ、人は自分自身の生きてきた人生を、ある歴史（物語）として描き出す。いったん描き出されたら、もはやその物語によってみずからを生きるほかはない、ナラティヴとはそうして構築される生の歴史であり、研究においては歴史実践と呼ぶ。

これは個人の歴史にとどまらない。地域コミュニティの歴史を、まちづくりのために地域住民自身が描き出す作業、被災地の文化を復興過程で再構築するような活動、抑圧された人々が社会の不条理を告発するためにみずからの視点から歴史を修正する運動など、その社会を構成する人々が主体的に描き出そうとする歴史をパブリック・ヒストリーと呼ぶ。パブリック・ヒストリーは、公的な歴史ではなく、語られ、共有された歴史であり、コミュニティが共同幻想として所有するものである。

語りにおける共感と沈黙

かつてわたしは、アメリカ民俗学の研究者であるエイミー・シューマンと対話する機会を得て、人々の語りの意味について議論を深めた。そのなかで最も印象的であったのは、フィールドワークにおいて「単なる共鳴としてのシンパシー（sympathy）から、相手の人生や背景をふまえた上で対話のなかで紡ぎ出されるエピソードへの深い共感としてのエンパシー（empathy）へといたる過程こそが、民俗学者にとっての問題発見の場なのだ」ということばである。つまり、どれだけ「慮《おもんぱか》る」ことができるかということが、他者理解の根幹であると言うのである。

そして、シンパシーとエンパシー、さらにはサイレンスへと問いの最前線はふみ込んでいく。シューマンによれば、サイレンスとは沈黙という意味であるが、語り得ぬこと、今は語らないでおくこと、ことばにならないことこそが、人生の本質であると言うのである。極端な言い方をすれば、インタビューにおいては、ものごとが語られているうちは「理解」にたどりつく段階まで届いていないのだという。災害で被災した経験について語り得ることは、状況の説明や、行政や地域社会の問題点や、復旧過程の推移などである。一方、やりきれない思いや、後悔、諦念、失望、自責の念といったものは、語り得ぬものであったり、語らないでおくことであったり、語りたくないものであったりする。しかし、それを伝えようとするとき、何か別の喩えに置き換えたり、教訓や自戒を込めたりして、話者にとっても語り得るものに転換するようなこともある。災害の語り部による語りなどはそうした葛藤を経てかたちづくられるものであり、語られた内容そのものの理解でとどまっていては問いを抱くことにはつながらない。慮る態度を育む対話の空間こそが、民俗学者の仕事の最前線としてのフィールドワークなのだと言うシューマンの助言は、当時、東日本大震災の被災地での民俗調査のあり方に思い悩んでいたわたしへのエールでもあった。そのことばは、わたしが語り得なかったものに対する彼女のエンパシーに立脚しているのであった。

語りのオーナーシップ

近年、開発途上国の国際援助や紛争地域の平和構築などにおいて、ローカル・オーナーシップが重視されている。援助する側が一方的に考えた開発を、援助される側の人々に与えるのではなく、現地の人々が主体的に考えたことに外部から援助するという考え方である。そこでは、地域社会での持続可能性、ローカルな文化や習慣への適応、地域社会の発展への潜在的能力の発見などが期待されるとされている。

わたしは、こうしたアプローチは個々のフィールドワークにおいても同様の課題があると考えてきた。「語りのオーナーシップ」とは、話者が研究者の調査のために語るだけでなく、語ることで当事者意識を再確認するようなあり方を目指すものである。地域のふつうの暮らしについて、そのことを語れること自体に誇りを抱くことができるような、そんなフィールドワークを展開することはできないだろうか。

かつてわたしは『復興キュレーション―語りのオーナーシップで作り伝える〝くじらまち〟』という本を著した際に、「聞書きにおける語りとは〝誰のもの〟であるか」と読者に投げかけた。地域で調査を行う民俗学者や人類学者は、地域社会に調査することによって影響を与え、文化の変化そのものに関わってしまうという恐れから、黒子のようにひっそりと進めるのが良いと考えられた時代もあった。民俗学者の村上忠喜はこれを批判し、フィールドワークをよりアクティヴなものにすることの効果について述べている。「実際、民俗学の守備範囲からすれば、現代社会のあらゆる側面での活動が想定できるのであり、「黒子調査」のような静かな調査から、活動的な、いわば参加型の調査、例えて言えば、池に石を放り込んでその波紋を読むような調査研究法の模索が望まれる。」（村上忠喜「いわゆる調査地被害考に問う民俗調査の今後—乗り越えるべき「黒子調査」」『国立歴史民俗博物館研究報告』第九一集、二〇〇一年、八一二頁）。研究者も地域社会の営みのひとつの役割を演じているという認識に立てば、地域文化の掘り起こしでもある民俗調査のフィールドワークから、どういう活動を起こしていくことができるかを考えることは、現代のフィールドワークの課題でもある。

地域住民とともに、あるいは巻き込みながらフィールドワークを展開し、その結果として作品や本や展示が生まれたり、地域づくりの活動に関与していったりすることで、フィールドワークが地域住民にとっても意味あるものとなっていく可能性が生まれるであろう。

フィールドで問いをどう立てるか

女王バチの目線—遊び仕事と誇りと自慢

アインシュタインの蜂

かのアインシュタインは、こう言ったとされる。「もし地球上からミツバチがいなくなったら、人間は四年と生きながらえないであろう…」と。どういう文脈で語ったのかも、そもそも本当にアインシュタインのことばなのかもよくわからないこの一文は、一九九〇年代、急速に世界に拡大していたインターネットの世界で、まことしやかに語られ、転載され、拡散していった。アメリカのタイム誌に「二〇世紀の人」と称されたアルベルト・アインシュタインが、すでに「預言者」のような物理学者以上の存在となっていたことのあらわれかもしれない。

〝アインシュタインの蜂〟として、オリジナルが不在なネットロア（＝ネット社会の口頭伝承）のはしりと言えるこの噂話は、当時欧米各国、とりわけアメリカで深刻な影響をおよぼし始めていた不可解な現象「蜂群《ほうぐん》崩壊《ほうかい》症候群《しょうこうぐん》（Colony Collapse Disorder）」をめぐって語られた。ことに、二〇〇六年以降、アメリカ各地をはじめ、世界中で働きバチが一斉に失踪し、ミツバチのコロニーが崩壊するという現象が深刻化するにいたり、〝アインシュタインの蜂〟はメディアでも引用されるほど一般的な知識となった。「蜂群崩壊症候群」の原因は、病気説、農薬説、ダニ説、電磁波説、気候変動説、遺伝子組み換え植物由来説など、さまざまな原因が想定されたが、いまだ特定されていない。

ここで問題になっているミツバチは、養蜂家が飼うセイヨウミツバチである。ミツバチは、果樹園の受粉に欠かせない存在である。飼い慣らし、コントロール下にあるはずのものが、秩序を失い、人間の食の安定と安全を脅かす事態になっている。しかもそれは、もともと昆虫という自然、すなわちヨーロッパの歴史においては人間と対峙する存在である。「自然が人間に反旗を翻した！」「いや誰かが混乱をもたらすためにはかった陰謀だ！」「環境問題における自然からの警告だ！」。〝アインシュタインの蜂〟は、「蜂群崩壊症候群」をめぐる憶測が憶測を呼んで巻き起こったパニック状態のあらわれであった。これが表面化した二〇〇六年から、アインシュタインが人類滅亡を「予言」した四年後の二〇一〇年、幸いにも人類は健在であった。しかし、「蜂群崩壊症候群」の原因はいまだよくわかっていない。

都市とミツバチ

二〇一〇年代、日本ではミツバチをめぐって二つのニュースをよく目にするようになった。ひとつは「害虫としてのミツバチ」である。東京都内や大阪、京都市内など、国内各地の繁華街やオフィス街で、信号機にミツバチの群れが集まり交通が麻痺、行政によって駆除が行われた……というニュースである。ミツバチは巣別れする際に、女王バチが働きバチを連れて移動する。移動中のミツバチは、しばし一箇所にとどまり、休憩することがある。これが一瞬たりとも社会の動きを止めてはいけない都市社会の都合上、すぐにでも排除しなければならない「害虫」となるのである。

一方、「コミュニケーションツールとしてのミツバチ」のニュースもある。パリ、ニューヨーク、銀座、梅田、仙台など、都会のビルの屋上でミツバチを飼うミツバチ・プロジェクトという取り組みである。そこで採れる蜂蜜を通じて生活を見直したり、新たな人と人のつながりを築いたり、さらに新たな商品開発における異業種コラボレーションを促したりする、ミツバチと蜂蜜を用いたまちづくりプロジェクトである。

ミツバチは、積極的には人を刺しにこないから、都会の公園や街路で人知れず蜜を集める分には許されるが、交通を遮断したり配電盤に巣を作ったりすることは断じて認められないのである。

ヨーロッパで発達した養蜂学

そもそもミツバチを飼い慣らす養蜂学は、果樹栽培のための園芸学とともにヨーロッパで発展してきた。人為的に改良したセイヨウミツバチを飼いならし、巣の働きバチが特定の種類の花の蜜を得るようにして、果樹園で受粉させるのである。養蜂家は受粉を頼まれて農園を移動し、採れた蜜を商品として販売することで生計維持をはかる。養蜂学という学問は、昆虫学と畜産学を融合させた一種の応用学であり、生態に対する理解＝生物学・昆虫学としての側面と、技術に対する理解＝農学・畜産学としての側面とをもっている。

この総合的な養蜂学の伝統が確立されるまでには、人間とミツバチの長い付き合いの歴史がある。もともとはミツバチは「狩猟」の対象であった。蜂蜜を得るために、働きバチをひたすら追いかけ、巣のありかを突き止めると煙で燻しながら採集するのである。こうした狩猟よりも、より積極的にハチの生活に関与するのが「半飼育」である。これは人間がハチの行動を把握しやすいように、あるいはハチそのものが活動しやすいように里山に少し手を入れて、捕獲率を向上しようとするものである。

こうして捕獲したハチの巣を、越冬させて翌年も飼育するという畜産の段階にいたると「周年飼育」と呼び、家畜化の段階に入る。これが高度に発達したのが近代養蜂学であるが、そこでの課題は定着性の向上にあると言って良い。気まぐれな自然の生き物である昆虫が、みずから人間の用意した道具や環境にとどまり続けることができれば、養蜂はひとつの職業として成立する。養蜂家の誕生である。

ハチの狩猟とご馳走

農村や山村の生活文化にはハチの狩猟の伝統が、今に息づいている。例えば現在でも、宮崎県の五ヶ瀬川上流地域では、スズメバチの働きバチの体に布切れを結び、それを目視で追いかけて森のなかのスズメバチの巣を探りあて、幼虫や成虫を捕る昆虫食のための狩猟が行われている。それによって金銭を得るような仕事と言うよりは、遊びと言えるようなもので、仲間うちで協力し合ってハチと巣を捕り、獲物は隣近所を招いて美味しくいただく。季節の楽しみであり、コミュニケーションのための狩猟である。

わたし自身も、和歌山県の高野山で寺院のなかに作った地バチ、つまり土のなかに巣を作るスズメバチの仲間の狩猟に参加したことがある。高野山は寺院の集まりの総体で一山《いちざん》を形成しているのだが、各寺院は周辺の村落とそれぞれ特別な関係をもっている。わたしは調査で入っていた集落で、その日も午前中からあるお宅にうかがって聞書きをしていた。すると、自治会長が訪ねてきて、毎朝野菜を届けたり、村の先祖供養を担ってもらったりしている高野山内の寺院から、ハチの駆除を頼まれたので人を集めていると言う。「人手がほしいし、面白いから加藤さんも一緒に来《き》いや」と言うので、否応なしに同行することになったのである。やり方は単純である。集落の男たちが広い境内でひたすらハチを追いかけて巣のありかを突き止めるのであり、わたしも半日かけてハチの行方を追いかけた。午後になってようやく、寺院内の隅の方の木の根元に巣穴を発見し、専門の駆除業者を呼び、煙で燻しながら巣を掘り出した(境内で殺生をしてはいけないのである)。

その夜は、わたを出して綺麗にした蜂の子のバター炒めや、サナギの佃煮を肴に、みんなで一杯やったのである。その雰囲気は、磯の口開けの日に旬の食材をいただくような、あるいは草野球チームの試合の打ち上げのような和やかさがあった。ハチの駆除を頼まれてこうしてご馳走を得られることは、毎年のようにあるという。しかしそれはあらかじめ予定されていないことで、思いがけないご馳走でもある。しかも、いい年した男どもが、みんなで子どものように走り回って虫を捕まえるという無邪気さもある。蜂の子を料理したのは男性たちであったが、集会所に集まった女性陣がおしゃべりしながら調理をして、酒のアテをいろいろ出してくれた。わたしは、「はたらくこと」と「遊び」と人々の「つながり」を深めることの関係について、深い関心を抱くようになった。

山野に遊ぶ

さて、わたしは二〇〇〇年から八年ほどにわたって紀伊半島南部の山深い熊野地域の山村でフィールドワークを行った。熊野は、熊野三山の信仰を育んだ森が広がっており、その広大さから果無《はてなし》山脈と命名された。修験《しゅげん》の道場として神道の聖地として、独自の宗教観をもつ霊性の高い場所である。しかしわたしは、起伏に富んだ山と川の織りなす地形を生かしながら、どのような暮らしが営まれてきて、それがどのようなかたちで現在の生活を築いてきたか、すなわちこの土地固有な生活の営み、ヴァナキュラーはどういうところに見出すことができるかを、模索していた。

ある年、古代から熊野参詣の玄関口として位置づけられてきた、口熊野と呼ばれる富田川《とんだがわ》下流域の農村で、わたしは調査を行っていた。当時よく通っていた話者たちは、おもに七〇代の男性で、彼らは退職後の悠々自適な暮らしを送っていた。「野遊び」と称して川や山でさまざまなものを捕って楽しんでいたので、熊野の自然の知恵を調査するにはうってつけの話者たちであったのである。

そんな山野の遊びの達人とも言える人たちが、競って行っていたのがニホンミツバチの養蜂であった。ある人は養蜂を「男の嗜み」と呼び、ある人はゴーラと呼ぶ養蜂箱を「サーファーのサーフボードみたいなもんやな」と笑った。農家の生計維持に直接関わるようなものではなく、山の利用と深い関係があり、季節的な労働と結びついている。趣味のようでもありながら、しかし彼らにとってはそれが人格と結びついた〝何か〟であることは予想ができた。

　その独特な価値観と、野生の昆虫であるニホンミツバチを飼い慣らす技術に興味をもったわたしは、いろいろと聞書きを始めたのだが、経験的な知識をほとんどの話者が言語化できず、インタビューでは埒があかない。そう思っていた矢先、「加藤さんも飼ってみぃな。教えたるわ」と言うので、わたしは思いがけずワンシーズンだけハチを飼うことになった。と言っても週に二、三日しか現地へは通えなかったので、その間は現地の人たちが面倒をみてくれた。

　熊野のニホンミツバチの養蜂は、集落の背後に広がる二次林（いわゆる里山）を舞台に行われる。熊野地域では、江戸時代から備長炭《びんちょうたん》の生産が盛んである。備長炭は極めて硬度の高い炭で、火持ちの良さから現在でも焼き鳥屋で重宝されている。この備長炭は、ウバメガシのほか、カシ類の木材を使う。山の広範囲に長い歴史のなかで植栽され、一定周期で伐採することで維持されてきた。

　また山には人間の生活にとって有益な恵みをもたらす樹木も植栽されてきたし、自然がその独自な営みのなかで作った樹林もある。スギやヒノキの均質な環境の人工林とは異なる、人が手をかけ続けて維持された森が広く展開しているのである。また起伏の激しさから利用のしようのない崖地や荒地も存在する。つまり、多くの樹種があり、さまざまな花が季節ごとに咲く森が、蜜を集める養蜂の舞台なのである。採れた蜜は蜜源の樹種が混合した「百花蜜《ひゃっかみつ》」と呼ばれる。

ハチの巣別れ：分封

熊野のニホンミツバチの養蜂が興味深いのは、天然のニホンミツバチが巣別れするのをとらえて、ハチの意に任せて養蜂を行う「半飼育」的なものと、前年使ったハチの巣をそのまま養蜂箱で越冬して翌年に持ち越す「周年飼育」の両方があることである。

春、新たな女王が誕生し、ミツバチは巣別れの時期を迎える。すなわち天然であれ、養蜂箱のなかであれ、越冬したハチの巣からは複数の女王バチが誕生し、働きバチを引きつれてそれぞれ別々の巣に分かれていくのである。ハチの巣のことをコロニーと呼ぶが、ひとつのコロニーに複数の女王は巣を営めないからである。この巣別れのことを分封《ぶんぽう》と言う。

天然のハチの巣から分封した群れは、新たな営巣場所を求めてしばらく彷徨う。ニホンミツバチは朽ちて中空になった木のウロなどに好んで営巣するが、そういう場所はなかなか見つからないのである。そのため、しばらく樹皮の表面や木陰にとまって様子をみることがある。それを見つけたら、すかさず箒などを使って養蜂箱に取り入れるのである。その養蜂箱を気に入ってくれればとどまるし、気に入らなければ翌日にはもぬけのからになっている。都市部で信号機にかたまったりするのはこの状態と考えられている。

一方、越冬したハチの巣は、ハチが蜜を集めやすいか、温湿度は適当かなど、さまざまな条件を考慮して、養蜂箱の置き場所が決められる。日なたに置くのが良いと考える人もいれば、湿気がないとダメだと考える人もいる。人の声が聞こえると逃げると考える人もいるし、いや人の気配がないと逃げるという人もいる。養蜂箱の置き方は、その人それぞれの経験に依拠した解釈に基づいているのである。

里山とミツバチ：採蜜

梅雨から夏は、ニホンミツバチが蜜を集める最盛期である。働きバチは、さまざまな花の蜜を集めて巣に貯蔵し、女王バチはひっきりなしに卵を産んでいく。セイヨウミツバチは、特定の種類の花から集中的に蜜を集めるため、商品としての蜜にはレンゲ蜜、ミカン蜜などと名づけることができる。一方、ニホンミツバチは、さまざまな種類の花から蜜を集める。備長炭の原木の雑木林、川沿いなどが適地であり、なかでもトチノキの多い森のトチ蜜は最高級だとされる。そのため、養蜂箱を川沿いに移動させる人もある。また、ツキノワグマが箱を壊して蜜を取ってしまうからと、命懸けで崖の中腹に据える人もある。

採れた蜂蜜にも違いがある。セイヨウミツバチは、花の蜜を口に含みそのまま巣に持ち帰り貯蔵する。そのため蜜はショ糖である。動物はこれを体内の酵素で分解し、ブドウ糖に変えてから消費するため、エネルギーを得るには効率が良くない。一

蜂群を待つ養蜂箱（和歌山県西牟婁郡）

方、ニホンミツバチは、花の蜜を体内の酵素と反応させてから貯蔵するため、巣にある時点ですでにブドウ糖の状態である。つまり、すぐにエネルギーを発生させることができる。言うなれば、〝砂糖水〟と〝スポーツドリンク〟の違いに似ている。

そのため、蜂蜜を舐めすぎると鼻血が出るとか、ぐあいが悪くなってしまうとか言われて、過度な摂取は控えられている。また、赤ん坊に舐めさせてはいけないというのは世界共通であるが、熊野地域の場合は「子どもには強すぎるから」という理由で説明されることが多い。

ミツバチの天敵は、肉食のスズメバチである。ニホンミツバチは巣にスズメバチが入ってくると、一斉に働きバチが蜂蜜を舐めてエネルギーを溜め、スズメバチを団子のように囲んで羽を震わせ、それによって発生する熱で殺したり撃退したりすることが知られている。熱に耐えられる温度が、ミツバチの方が少しだけ高いのだそうである。これも、エネルギーを一気に発生させることができる蜜のおかげである。

蜂蜜の収穫（和歌山県西牟婁郡）

秋から冬、女王バチと働きバチは、集めた蜜を舐めながら越冬をする。そのため、夏の蜂蜜の収穫では、ハチの巣の半分だけを取り、半分は越冬のために残しておく。これが少ないとハチの巣は全滅してしまうのである。

採った蜜は、手回しの遠心分離機にかけて漉した後、一年ほど保存して熟成させ、瓶に詰めて道の駅などで売られる。スーパーマーケットなどで売られているセイヨウミツバチの蜂蜜の五倍から一〇倍の値段がつき、近年では健康志向ブームで店に出すとすぐに売り切ってしまうのだという。

養蜂箱のゴーラ

熊野のニホンミツバチの養蜂に用いられる養蜂箱は、ゴーラと呼ばれる特殊なものである。丸太をチェーンソーでくり抜き、表面を焼いたり黒く塗ったりして、天敵であるスズメバチ対策のため、下にミツバチだけが通れる隙間がある。このゴーラは、既製品はもちろんなく、ミツバチ飼いが自作するのである。間伐材の手頃な太さのものを選び、皮剥具でスギ皮を剥き、チェーンソーでくり抜いて中空にする。そしてそれをそのまま一年間屋外に放置する。

良いゴーラを作るコツは、誰に聞いても「ミツバチが巣作りで好む木のウロを再現する」というものだが、そのアプローチは一人ひとり異なる。空洞が大きい方がいいとか、いや側《がわ》は厚い方が樹木らしくていいとか、少し上部に向けて狭くなるようにする方がいいとか、中の空間は表面が凸凹していた方がいいとか、その解釈はまちまちである。

しかし、誰もがそれを語るときは「ミツバチ目線」である。平素からのハチの行動の観察に基づいた経験的な知識を総動員して、「自分が女王バチなら」どういう空洞を好むかを語るのである。熊野のミツバチ飼いは、かのファーブルや日高敏隆も顔負けの昆虫行動学者なのである。

ゴーラの出入り口は一番下である。女王バチは比較的この出口近く、巣の下の方に陣取っている。巣の最上部は蜜を溜める場所、その下に卵や幼虫がいて、さらに蛹である。脇の方に働きバチの居場所がある。採蜜は最上部の蜜が溜めてある部分から収穫するのである。

すべてが、あの正六角形の巣房《すぼう》が並んだ構造であり、ミツバチ飼いはゴーラの内部を、あたかも透けて見えるかのように把握している。これもまた働きバチの行動や営巣の経過から判断するのである。

こうした経験から得られる知識と、手作りの道具は、一見すると伝統的で古くから連綿とある技術のようにみえる。いかにも「民俗学っぽい」「民具らしい」ものと思えるかもしれない。しかし例えば、江戸時代の熊野の養蜂について、その品質の高さと技術について記述した『日本山海名物図会』の挿絵を見ると、ゴーラとは似ても似つかない道具を養蜂箱にしている。それは軒に吊るした桶の底板にミツバチの出入り口を開けたようなものであった。ゴーラは間伐材を使うことからも、意外と新しい道具なのではないかとわたしは推測している。

崖に設置した養蜂箱（和歌山県西牟婁郡）

独自な共生の思考

熊野の養蜂は、野生の昆虫を飼いならす技術であるが、分封した蜂群がどこへ行くかは「ハチまかせ」、みずからのゴーラに入れるのが腕の見せどころである。ミツバチ飼いの人たちに「蜂群崩壊症候群」の話題を振ったとき、彼らは「そら、巣が勝手に逃げ出すことはよくあるし、いかにしてとどまってもらうかが腕の見せどころやないけ」と大笑いした。セイヨウミツバチの養蜂とは基本的に違いがあり、一概に比較できるものでもないのだが、わたしが興味深いと感じたのは、彼らはいつでも「女王バチの目線」から環境を理解しようとしている点にあることである。

熊野のニホンミツバチの養蜂には、生態に対する理解、つまり「観察の眼」と、試行錯誤による技術、つまり「経験の知」がある。そして、よく蜂蜜を採る人は、山の識者として尊敬を受ける。その尊敬は、経験の蓄積に対する評価である。つまり養蜂は、人格形成に関わり、自然や世界の理解に通じている。マニュアル化を嫌う暗黙知と競い合いによって養った技によって蜜を得るこの技術を、わたしはこう名づけている。

〈「養蜂道」の伝統〉

養蜂学と「養蜂道」には、自然と人間の関わりにおいて決定的なアプローチの違いがある。

今でこそ採れた蜜を道の駅で販売することもあるが、実は収穫の大半は、自家消費を除いて、ほとんどは他の人にあげてしまうのである。隣近所や仕事仲間に、高価な蜂蜜を惜しげもなくあげてしまう。ただし、どれだけ今年はうまくいったかの「自慢」つきである。うまくいかなかった年は、なぜそうなったかのミツバチ談義に花を咲かせる。蜂蜜の贈与は、コミュニケーション手段であり、自己表現でもある。さらに言えば、それは地域コミュニティへの社会参加の方途でもある。「わたしは山や川で、こんなことで楽しむような男なんです」と誇らしげである。

「養蜂道」の伝統

セイヨウミツバチを飼う養蜂学は、科学的な知識と道具を普及することにより、誰もが同じ方法で効率的に蜜を得ることを目指す。ミツバチはコントロール可能な道具、つまりモノとしてみなす思考が前提にある。一方、野生のニホンミツバチを飼う「養蜂道」は、誰もがそれぞれ異なる自分なりの方法によって、その年の条件下で得られただけ蜜を得ることを目指す。ミツバチは、もとよりコントロール不可能なものであり、ハチの目線に立って自然を理解しようとする。そこではミツバチは蜂蜜を採るための手段と言うよりは、人間との関わりにおいて、ある意味で人格をもった相手としてみなす思考がある。飼いならせないのがあたりまえ、それと関わる人間の本質がみえてくる、それが「養蜂道」である。

ミツバチ飼いの人々とそれを包摂する地域社会のありようには、他所者からみれば独特な価値観と感じられ、ついていけない部分もある。そこにこの土地のヴァナキュラーがある。地域固有な生活文化が育んだ自然との関わりの一端が、養蜂によくあらわれているとみれば、一つひとつの語りが興味深く思えてくる。そこにあるのは「競い合いと分配の思考」「野生の生き物といかに向き合うか」「個人の自然観を経験から養う美学」「昆虫の眼からみずからの生活をみる視点」などであろう。

ミツバチ飼いとしての評価

ワンシーズンにわたり、ほとんど手伝ってもらいながらではあるが、ニホンミツバチを飼い、多くはないが収穫までこぎつけたわたしには、夏の終わりに開かれた収穫祝いの会で、評価を下されることになった。実際には調査の定宿におっちゃんたちが酒を持って押しかけてきただけの打ち上げであるが。

わたしが面倒をみたゴーラは二つである。ひとつのゴーラは採蜜まで成功、これに対する講評は「ニホンミツバチとの付き合いが良かった」であった。よく聞くと、ゴーラを置いた場所が良かったことと（これはわたしが選んだわけではなかった）、手塩にかけて世話をし、愛情を注いだ結果としての採蜜だという。言われてみれば、こちらの巣の方が勢いが良く、ハチのコミュニティに活気があるように思えたので、わたしはいつもこのゴーラの前で働きバチの様子を観察していたものである。

もうひとつのゴーラは、早々にハチが去ってしまい、失敗に終わった。これに対する講評は、要するに「やさしさが足りなかったし、多くを求めもしなかった」ということによるものであったという。わたしの人格的な未熟さと、この巣への愛情と忍耐が足りないこと、何より経験不足が理由とされた。

結果として、わたしは一緒にミツバチを飼うことで、人々の価値観にふれ、いつの間にか「ミツバチ目線」でゴーラの居心地を想像するようになっていた。それは決して聞書きではわからない価値観であった。

研究のことば【遊び仕事】

わたしたちがはたらくことに関してもっている職業という概念は、それほど古くからあるものではない。労働／余暇、本業／副業、仕事／生活といった二項対立の概念は、明治後期以降、急速に進んだ工業化、都市人口の増大によって生まれた俸給生活者、いわゆるサラリーマンや工場労働者、看護師や電話交換手といった職業婦人の登場以降のものである。

一方、農業や漁業など、植物や生物、気象などの自然のリズムを土台にして生計を営む人々にとっては、その時期ごとにある作業量だけが存在し、収入は収穫物や漁獲物を獲得したときに得られるものである。労働は生活のなかに埋め込まれており、厳密に区分することができない。サラリーマンが近代的で、農家が伝統的なのではない。基盤とする労働観が違うのである。

民俗学で論じられてきたマイナー・サブシステンス論は、生業のなかの〝遊び〟に注目する研究である。マイナー・サブシステンスとは、「稼ぎ」や「現金収入」と直接関わらない労働である。地域社会においては、こうした生業が大きな役割をもっている場合が多く、遊び仕事が人と人を結びつける。その特性は、コツや感覚といったものに依存しており、技術的な個人差が出てくるため、競争心を生み、これで他より秀でることは威信や誇りとつながっている。そして何より生活の〝楽しみ〟と不可分であり、旬の食材やそれをみんなで食する共食《きょうしょく》の場を生み出す。

この研究は、儲かる仕事＝真面目な仕事＝〝役に立つ仕事〟とみるような労働観への痛烈な批判を含んでいる。そのために一見すると、儲からない仕事＝不真面目な仕事＝役に立たない仕事とみえるような労働に着目するのである。

ヴァナキュラーを見出すトレーニング（1）

人間と自然、人間と動物の関係において、人間が自然や動物の側に立ってものを考えるような仕事には、どのようなものが思い浮かびますか？　また、そこでは自然や動物はどういうものとして理解されていると思いますか？

山まかせの思想──暗黙知と自然への理解

遊ぶ人

遊びをせんとや生まれけむ　戯れせんとや生まれけむ

「ただひたすら遊ぶために人は生まれてきたのではなかろうか…」。平安時代末期に流行した今様《いまよう》と呼ばれる歌謡を好んだ後白河法皇が、イチ推しの歌詞を集めた『梁塵秘抄《りょうじんひしょう》』に収録した一節である。童心を歌ったものとされるこの歌も、当時は遊女や白拍子が舞いながら歌ったというから、オトナの遊びの雰囲気も匂わせる。世のなかの騒がしさとは無縁に（あるいは背を向けて）遊びに没頭するすがたに、人の本質をみる思いだ、という価値観がこの歌の根底にはある。『梁塵秘抄』は、明治末期に国文学者の佐佐木信綱によって再発見され、大正期の歌人たちを魅了した。労働の虜になっている近代の人々の蔑《ないがし》ろにされた人間性を、芸術で復権しなければならないと考えた当時の文学者の琴線にふれたのである。遊びに没頭する人間のすがた、そしてそこに感動を覚えるような感受性に、近代を生きる知識人たちの葛藤が透けてみえる。

「遊びは自由な行為である」と説いたのは、二〇世紀を代表する歴史家ヨハン・ホイジンガであった。彼の連続講義を収録した『ホモ・ルーデンス』は、遊びから人間の文明の発達をとらえた名著である。遊びは文化より先行する、というのが本書の本質である。遊びに没頭することは、現実世界にはない（あるいは役に立たない）道具や人のつながりの実験であり、文明や技術の発達のアイデアの源泉なのだという。それが新しい秩序や技術、学問を生み出すもととなるが、遊びは既存の価値観を転倒させることを「目的」にしていない。そこにあるのは、ただ没頭する人間と、その創造力の発現である。

山の人たち

日本の農山漁村でフィールドワークをするなかで、わたしは次のような印象をもっている。農村は秩序の世界を土台としている。農耕のもつ特質から、おのずと土地による制約が絶対的にあり、共同作業に裏づけられた共同体を営み、世代をまたいだ時間感覚をもっている。一人ひとりの人生にも、何世代もの村の営みがのしかかり、地に足のついた重厚さのようなものに感動を覚えることがある。

一方、漁村は労働の世界を土台としている。作業を分担するチームワークとそれを統率する秩序だけでは不十分である。その時々に変化する状況を突破するような、個人の傑出した能力や判断力が求められ、能力のある者には利益がついてくる。労働で結びついた企業的な共同体でありながら、その場限りの一発勝負、宵越しの金は持たない的な時間感覚も持ち合わせている。漁村では、体を張って生きてきたという自負に、圧倒されることがしばしばある。

これに対し、山村はというと、林業や鉱山などは企業的な労働のコミュニティをベースとしているが、山林資源を活用して産物を得るという生業の面においては、遊び仕事の要素が強い。そこに現金収入を得るという切実な目的はあるものの、個人のなかの創造性や自然の営みに対する想像力、仲間との競い合いといったものがある。山村では、本当は多くの困難を経験してきたにもかかわらず、人生をじつに楽しげに語る人に出会うことが多い。

民俗学にとっての山村

民俗学の草創期には、山村は日本文化の古いものが残存していると仮定された。しかし、伝承文化に着目する郷土研究によって日本の民俗学を確立した柳田國男は、もっと壮大な夢を山村に投影していた。それは日本民族形成論の核心に迫りたい、というまなざしである。

柳田國男は、若き農商務省の官僚時代から困窮した農村を救うためには、生活文化に着目しなければならないという見方に立っていた。当時すでに農政学の論客であった柳田は、当時の農村の社会構造を変革し、土地をもち自立した小農を主体とすることで農村を発展させようという立場であったが、結局は農業政策や行政では農村を救えないと悟り、民俗学への道を歩むことになる。

そんな柳田が、明治末期に著した初期三部作が『後狩詞記《のちのかりことばのき》』『石神問答《いしがみもんどう》』そして『遠野《とおの》物語』である。当時の柳田はいろいろな問題意識をもって郷土研究に取り組み始めていたが、その重要な柱が

「山人」の探究であった。「山人」とは、平地に暮らす稲作中心の生活様式とは異なる固有な文化の担い手であり、柳田のなかではそれは日本列島における定住文化以前の狩猟採集遊動民だという仮説があった。のちに柳田は全国的な山村調査を実施し、狩猟・木地屋・炭焼き・紙漉き・タタラなどの山林資源加工の生業や、山の神信仰などに関する伝承を、大規模に調査した。しかし、そこでみえてきたのは、山地に定住した農耕をベースにした地域社会のすがたであり、調査を総括した『山村生活の研究』では、山村は「奥地の農村」にすぎないと結論づけた。

「山人」論は挫折したが、逆に立ち上がってきたのが「常民」という概念である。平坦な国土ではない日本においては、平地の農村も海つきの海村も、そして奥地の山村も、共通の土俵で論じられる前提を得たのである。常民は、先祖祭祀を固有な信仰としてもっており、この世とあの世、ハレとケなどの二分法や、農業を基盤とした循環的な時間感覚を生きているとされる。奥地や離島にはそうしたものが残存しているから、非文字文化である口頭伝承を採集するために、そうした地を訪れるのである。日本民俗学のフィールドワークのはじまりである。

山村性と民俗技術

柳田國男の薫陶を得て、独自な日本文化論を説き続けた民俗学者・地理学者の千葉徳爾《とくじ》は、「山村とは山間なるが故に成立し保持されてきた伝承」を、その民俗の少なくとも一部分に含んでいるような地域社会であり、そこでフィールドワークをするからには、山村らしさ、山村に固有な生活文化、つまり「山村性」を描き出さなくてはならないと主張した。

現代では、農村に固有な文化、山村とは何かといった、対象を明確に区分して文化をそこへ押し込めるような記述の仕方はしない。それぞれに生活の営みがあり、また文化は常にいろいろな要素が混じりあったハイブリッドでしかないのである。実際の生活のなかに文化がどのようなかたちで営まれているか、どのような要素が作用してダイナミック（動態的）に状況が動いていくかを、つぶさにみていく必要がある。現代の民俗学における山村とは、農業や漁業とともに、山林資源を活用して生計維持をしている人々の生活の場である。

備長炭が育んだ森

紀伊半島の南側を占める熊野の森は、もともと広大なブナ林が存在したとされるが、それはもはや一〇〇〇メートル以上の一部の場所にしか残っていない。大半は広大な照葉樹林に置き換わっていった。熊野の場合そこに針葉樹（ツガ・モミ・トガサワラ・コウヤマキなど）が混生するため、複数の気候帯の植物が混在する。この森を「熱帯雨林のような混沌」と表現する研究者もあった。渓谷にはサワグルミやトチの群落もあり、自然に人が手を加えて共存してきた歴史の痕跡を残している。

一九七〇年代、アジアを股にかけたダイナミックな照葉樹林文化論というものが論じられた。照葉樹林というのは、葉の表面に照りをもつお茶の木やツバキのような植物が優先する樹林を指す。民族学では、一九七〇年代に照葉樹林文化論という壮大な文化圏論が流行し、日本の民俗学もその影響を強く受けた。すなわち、このような樹林が雲南やチベットから長江流域、台湾をへて日本列島の温暖な地域へと展開しており、こうした地域に共通する文化要素を見出そうとする研究である。「日本人はどこから来たか」は、いつの時代も日本人の好きなテーマである。

これを論じた佐々木高明《こうめい》は、西の照葉樹林文化に対し、東北日本のナラ林文化があると仮定した。論者によっては、それは日本列島を東西に分断するフォッサマグナで区切られると考え、議論は白熱した。当時は日本文化の東西差も流行のテーマであった。

照葉樹林文化論の面白いところは、さまざまな共通する民俗技術がみられ、比較文化の視点をもっていることにある。アクの水晒し技術、絹織物、陸稲《おかぼ》の栽培や餅食文化、焼畑農耕、発酵食品や麹文化、鵜飼い、漆の利用、お茶の製造と喫茶文化などである。

こうした要素は、紀伊半島にも前提としてはあてはまるのであろうが、ただそうした仮説を下敷きにしてしまうと、あらゆることをこれに結びつけてしまいかねず、この要素はこういう文化の残存だというふうに、残りカス探しに陥ってしまう。現在の熊野地域の暮らしの土台は江戸時代の村の生産や生活に、近代の諸産業への対応のなかで変化し続けた結果でしかない。

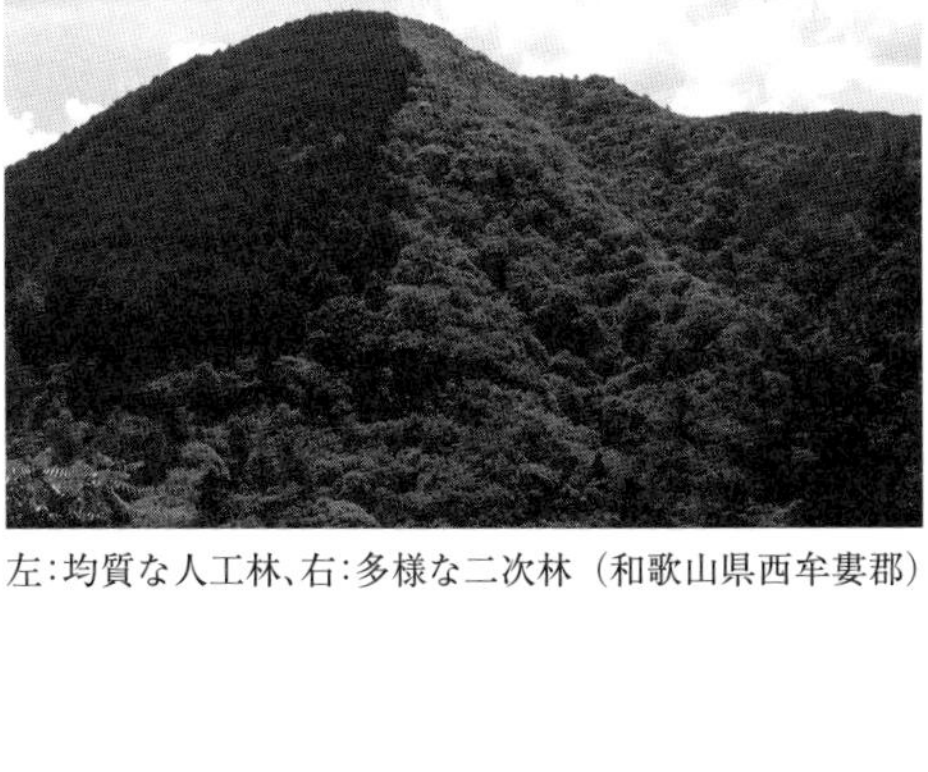
左:均質な人工林、右:多様な二次林(和歌山県西牟婁郡)

現在の熊野の森の大半は、二次林、すなわち雑木林である。一定の管理をし続けることによって、人間が利用したい植物が多く取れる状態に維持してきた森である。その根幹は、備長炭《びんちょうたん》の生産である。熊野の森は、備長炭を焼く山として江戸時代以来管理されてきた。もともとこの地域に自生して広がっていたウバメガシが、炭焼きに最適であったこと、自生するカシ類も備長炭の技術で商品になったことから、紀州藩は森の大規模な伐採や開発を禁じ、備長炭の生産のための森として維持することで、人々の生活を支えたのである。

備長炭の森の特徴は、選択的に伐採をする「択伐《たくばつ》」にある。山の立木をことごとく伐採してハゲ山にする「皆伐《かいばつ》」と違い、太く成長した幹や枝のみを伐採し、若い木は残して成長をうながす。そうすれば、およそ一五年周期に伐採する循環的な森の利用ができる。単純に一五箇所の森を設定し、毎年一箇所ずつ移動してそこに炭窯《すみがま》を築き「択伐」をすれば、一五年後に同じ森に戻ってきて、ちょうど幹が太く成長しているというぐあいである。

人々の暮らしの技術を考える上で重要なのは、森の木が成長していく過程で多様な環境が生まれることである。すっかり育って伐採を待っているような森と、去年切ったばかりの森では、日当たりや植生がまるで違う。その二次林が育っていく過程で、野草や薬草の採集、ニホンミツバチを使った蜂蜜採取、狩猟などが行われるのである。複数の生業が、備長炭の森には複合しており、またそれらを村人が一定のルールのなかで使う「共」的な管理がみられ、競い合いや遊びの要素を含んだ遊び仕事としての側面ももっているのである。

世界一硬い炭

備長炭の炭窯を何度も訪ね歩くと、その窯が火をくべて何日目ぐらいかがわかるようになる。これは炭焼きさん（炭焼き職人のこと）から教えてもらったことだが、炭窯は、いったん伐採した木材を詰めて、口を閉めてしまうと、中の状態は小さな穴からのぞき見ることしかできない。しかし、煙突から出る煙は数日後から酸っぱい匂いがしてくる。煙の水蒸気を冷やして上澄みを取ると木酢液《もくさくえき》になる。匂いは日ごとに変化し、最後は一〇〇〇度に至る高温で、そのクライマックスの状態から窯出しとなる。

紀州備長炭は世界一硬い炭だといわれている。硬い炭は火持ちが良く、遠赤外線で食材を美味しく調理できる。良質なものはパチっと爆《は》ぜることなく、ジンワリと燃え続けるのである。その硬さの秘密は、三つの工程で木材が縮むことにある。最初は、切ったばかりの原木を焼くので水分が蒸発して縮む。紀州備長炭は、切った木材を窯内に立て並べて水分を上に飛ばす方法で窯詰めするのである。二回目の縮み工程は、一〇〇〇度の高温で焼き締める。これは酸素を入れすぎれば灰になってしまうし、酸欠すぎると温度も上がらない。絶妙な温度管理とその日の気象を考慮した状況判断が求められる。そして、最後の工程は、窯出しである。

備長炭の窯出し（和歌山県田辺市）

真っ赤に熾《おこ》った炭をかき出し、まるで日本刀の焼入のように、湿った土をかけて一気に冷まして縮めるのである。

二次林での狩猟

こうした備長炭の森の環境を使いこなし、季節ごとに楽しみをもって資源を得るのが山の暮らしである。例えば、冬に山焼きをする場所がある。そこに新芽が生え、植物を利用できるだけでなく、水田の緑肥《りょくひ》として刈り取り、かつては屋根葺きの茅の材料も確保した。

その山焼きの山には、ススキが生えてくるが、ここを隠れ家にしているのがキジである。わたしはある時、熊野の中辺路《なかへち》の山村で聞書きをしていると、話者のおじいさんがソワソワしているので何かと問うと、「今日は卵とり日和だ」と言う。「これも仕事だから、一緒に行こう」と言うので連れて行かれた先は、山焼きをした丘である。彼は持ってきたフライパンを棒切れでガン！と叩くと、茅のなかからキジがケーン！と飛び出す。「それ！」とふだんからは想像できないような健脚で、キジが飛び立った茅のなかへ突っ込むと、出てきた時にはキジの卵をひとつたずさえている。あっけに取られたわたしをよそに、その日は三つの卵を得て帰宅した。

わたしがこれはキジにあまりに気の毒だと言うと、「ひとつの巣から一個しかもらわないから大丈夫」と、独自の論理で正当化した。その卵の美味しいこと！　濃厚な味は有精卵だからかキジ特有のものか。ともかく、彼にとっては遊びの延長線上にあるこの時期の〝仕事〟のひとつであった。

また、備長炭の森には、野生動物の餌となる植物があることから、人工的な森でありながら、生きものの生活領域でもある。人里との間には、山焼きの丘などの緩衝地帯があるが、動物たちは丘と山と川とを移動しながら生活している。狩猟をする人々は、足跡や糞などから常々動物の滞在や移動の痕跡に目を配り、その動勢を把握しているのである。

わたしは古座川流域で狩猟に同行したことがある。狩猟は二次林で行う。スギやヒノキの人工林には動物のエサがないからである。イノシシやシカ、かつてのウサギの狩猟は、犬と人の連携プレイである。つまり、犬が動物の動きを止め、猟師が鉄砲で撃つのである。

猟師は狩猟犬を飼育している。天然記念物「紀州犬《きしゅうけん》」ももとは狩猟犬の伝統にある。紀州犬は白が一般的なイメージであるが、実は狩猟犬としての犬にはいろいろな色があった。とくに熊野の地犬《じいぬ》と呼ばれる在来種には、白・黒・茶・赤・ゴマなど七種類あるとされ、どれも狩猟犬として使われてきた。白は山中で居場所を把握しやすいから好まれた。

熊野の地犬の飼育は独特である。犬を飼った経験のある人ならわかると思うが、犬にはその犬それぞれの性格がある。おとなしい犬、活発な犬、従順な犬、遊び好きな犬……。そうした生来の性格を伸ばすのが、熊野の猟師の教育法である。そしておよそ次の四つに分類される特性へと能力を高めていくのである。

まずホエドメ、これは声で威嚇してイノシシを留まらせるのが得意な犬である。吠え声が大きければ良いというわけではなく、ドスの効いた声を出せる根性がポイントである。次にネヤドメ、これは動物のねぐらから離れられないようにする犬で、賢さが求められる。三つ目がカミドメで、この種類が最も勇敢で力強さが求められる。直接イノシシなどに噛みついて離さず、弱らせて留まらせるのであるから、命懸けで戦う献身の犬である。最後に、ウサギ犬という、野うさぎを追うのがうまい犬で、すばしっこさと動体視力の良さが求められる。猟師は、年ごとに変わる山の状態と、こうした犬の性格などを考慮し、狩猟の計画を立てるのである。

備長炭の炭焼きは、山を移動して炭窯を築く方式から、炭焼き場に窯を並べて、木材をトラックなどで運び込む方式にかわってもう半世紀近くになる。スギやヒノキの植林の森も備長炭の森も、ともに伐採しなくなったことで、動物たちの秩序も変化してきた。そのため狩猟に関しても近年は、畑を荒らすイノシシの有害駆除がもっぱらとなったが、ジビエの食肉としての加工など、新たな産業創出とも関わるものとなっている。

木の実の採集

二次林や沢沿いの林では、落葉広葉樹の実やトチノキの実の採集が行われてきた。古い時代には貴重な食料であり、不作の年の救荒食物でもあったろうが、トチの実で作る栃餅《とちもち》は、もっぱらご馳走であった。トチノキは、川沿いに植えてあることが多い。大木になっていることが多いから、もう何世代も前に植栽したのだろう。川沿いにあるのは、根本の川を小さく堰き止めておくと、そこにトチの実が落ちる。笊《ざる》でそれを集めれば楽に収穫できるからである。また土に落ちた実は、必ずと言っていいほど虫に食われているから、水辺に落とすために川沿いに植えているのだという。

トチノキのアク抜きは、まず拾った実を三日間水に漬け、莚《むしろ》に広げて干し、二日間湯に漬けてやわらかくなったところで、木の棒で皮をむく。それをアルカリ性の強い雑木の灰汁《あく》で煮て、その水に漬けたまま一週間から一〇日間放置し、流水でさらに一〇日間さらす。こうしてできた澱粉質の粉を、蒸して餅につき、ようやく栃餅の完成である。手間を惜しまず、しかし毎年の楽しみとして作ってきたのが栃餅であるが、現在では作る人も少なくなり、地元の人々でも道の駅などで購入することが多くなった。備長炭の森では、カヤ・シイ・クリのほか、ブナ類・カシ類・ナラ類のドングリなどの実も拾い、手間をかけてアク抜きをして保存してきたという。

川での漁撈

山村の生業の特徴は、川での漁も行えることにある。古座川での聞書きでは、三〇以上の漁法を挙げた話者がいた。これは端的に川漁師のように専業化していない証拠であり、季節ごとのおかず捕りを、工夫を凝らしていろいろな捕り方を試して行った結果、挙げれば三〇以上となっただけのことである。かつては誰もが自由に川漁を行えるオープンアクセスな資源だったため、川魚の漁撈は生業であり遊び仕事でもあった。

そうした時代の名残を感じさせてくれる経験があった。わたしは、富田川《とんだがわ》流域でズガニ、あるいはズゴと呼ぶモクズガニの筌漁《うけりょう》の調査をしていた。ある日話者の七〇代のおっちゃんが、テナガエビを捕りに行こうと言うので玉網《たも》一本持って川へ降りて行き、川岸近くの石をまさぐりながら次々と捕獲していく。台風一過のその日は、川は増水して濁っていたが、テナガエビはその濁流を逃れて川岸の石裏でしのいでいると言う。その隙をついて捕るのがニゴダマという漁法である。「濁」った川で「玉」網で捕るから、この名がある。昼ごはんに素揚げにしてもらったテナガエビの美味しいこと！ダムのない清流、富田川の夏の楽しみである。もちろん漁業権を買って行うものであるが、川漁師のようにそれで生計を立てているわけではない。かつては、そうしたおかず捕りのような漁業が、どこでも行われていた。

ちなみに、現在禁止されている漁法は、もともとは素人のおかず捕りや遊びの延長にあるようなものであった。ヤス突漁法、水中メガネを使用するヒッカケ漁法、投網《とあみ》、ガラス筌《うけ》、川を堰き止めて行う漁業などである。この調査の本命だった鑑札を買って仕掛けるモクズガニの筌漁も、そうしたものであった。かつては、川に電流を流して魚をしびれさせるバッテリー漁や、サンショウやエゴノキなどから採った成分を川に流して魚を捕る毒流しなどの、今では決して肯定できない危険な漁も、遊び仕事やおかず捕りの範疇にあったとも言える。

山の幸を与える山の神

山村の民俗は、「奥地の農村」にすぎないと柳田國男は結論づけたが、それでも山村ならではの信仰というものはある。山の神への信仰はそのひとつであろう。多くは集落と山との境目とされる場所にまつられ、その御神体は丸い石ひとつというものがほとんどで、男性器の作りものを供えていることもある。社殿がある場合もあるが、壇があるだけの簡素な境内という場合もある。山の神は、具体的な神像と言うよりは、自然のチカラそのものであるため、こうした抽象的な表現をとるのであろう。

ところが、田辺市某所には、非常に仏教的なモチーフの山の神の神像がある。しかも翼を持ち、仏具で武装している勇ましいすがたである。人々は、ふだんから山の木を伐り始める日には、酒などを供えて感謝する儀式を行うが、一一月七日は山仕事の仲間が集って山祭りを行う。現在は、神主による神事の後、乾物の魚を焼いたアテで酒を酌み交わす直会《なおらい》が行われる祭りだが、かつては、盛大に食事をして楽しんだり、相撲をとったりして、一日をすごしたという。

熊野地域一帯に行われている山祭りでは、当日は山に入ったり、山仕事をしたりすることをタブーとしている。これは現在でも厳格に守られており、その理由は、山の神は春には山に種をまき、秋には山の木の数を数えると言われるため、山に入ると木の数に数え込まれて、帰れなくなってしまうという、世にも奇妙な伝承があるからである。

「山まかせ」の思考

熊野の山の利用についての一連の調査で、最も印象的なことばがある。それは新宮市の旧熊野川町である話者が林業について語ってくれた際に使った「山まかせ」ということばである。この地域では地形が複雑すぎて、植林地でさえきめ細かい管理ができないので、育ったなりに育てて伐採するのだという。それは山の利用のすべてにおいて言えることで、「環境改変」と「自然依存」が融合したひとつの思想であるように思われた。

山地では、その地形的な制約から、水田での稲作のような、ひとつの生業に特化するほどのものに頼れない。しかも、温暖多雨多湿の地域であるから、生産を特定のものに特化させては大雨や台風など自然災害による危機を回避できない。一方で、比較的安定的に利用できるのが、備長炭の森であった。一年ごとに木々の成長を把握できる森は、人間にとって使いやすい森であり、薪炭《しんたん》・山野草・獣肉・川魚・土や鉱石等、自給のための資源でなく商品となりうるたくさんのものを得ることができた。これらは仲買人や町場へ持っていって現金収入とするため、自給自足が難しい奥地の山村ほど、商品販売をもとにした貨幣経済がいち早く浸透した。

管理を徹底しても御し難い自然を相手にして、人々は「山まかせ」で得られる範疇のものに着目し、一年のルーティーンとして構成することで、安定した生活の糧を得ることにつなげたのであろう。

研究のことば【暗黙知】

わたしたちの生活のなかには、説明不可能でマニュアルに馴染まない、経験にもとづく技術や知識がある。経験主義的に共有されていく知識は暗黙知と呼ばれる。哲学者のマイケル・ポランニーは、ことばにできることや説明して共有できること（明示的な知・形式知）は人間の能力の氷山の一角にすぎず、ことばにならない知識のいかに多いことかを論じ、これを暗黙知と名づけた。
近代科学は、目に見えない法則や事実を、ことばとして明示することで発達してきたが、逆にそれはことばにできること、説明可能なことを特権化することでもあった。ポランニーは「私たちは言葉にできるより多くのことを知ることができる」として、生活文化のなかの「説明できないが、やることができる」ことに光をあてた。人々の生活に立ち会う民俗学のフィールドワークにおいては、農村であろうが都市であろうが、こうした暗黙知に着目する。

ヴァナキュラーを見出すトレーニング（2）

利益や成果に必ずしも直結していないにもかかわらず、楽しみや競い合い、こだわりなどと強く結びついている仕事について、何か知っていることはありますか？

日常性への信頼―生活のリズムとはたらくこと

議論の中心としての周縁

都市生活を中心に考える見方にどっぷり浸かっていると、山村や僻地で起こっていることは縁遠いものとみてしまう。またその都市内部においても、生活に困窮する人々や、疎外感を感じている人々、災害や病苦にあるような人々は、周縁に位置づけて知らんぷりをされがちである。フィールドワークは、その土地で生活を営む人々がよりどころにしているものの考え方や、大切にしている価値にふれる、まなびの過程でもある。そこにあるのは日常性であり、日常性は絶え間ないルーティーンワークに支えられている。

わたしがもっている印象では、農村や漁村よりも山村の方が、一人ひとりの人生が多様であるように思う。わたしは紀伊半島での調査、とりわけ山村の調査のなかで、何人もの忘れ得ぬ人々に出会ってきた。そうした人々にとって、日常性を支えるものは「はたらく」ということにある。彼らが語る「はたらく」は、現金収入につながるものから、家事の延長にあるもの、集落の暮らしのなかに埋め込まれているもの、個人的な楽しみと結びついたものなど、さまざまな位相があるが、端的に言ってそれは近代社会の基盤である「労働」と「余暇」、「仕事」と「家庭」といった二分法の埒外にある。
民俗学が日常性に着目する理由は、そこにあるコンテクスト（文脈）にふれたいからである。国語表現では、コンテクストとは、文章の流れにある内容のつながりぐあいのことを言う。文と文の論理的な関係や、語と語の意味的な関係によって、文章には脈絡が生まれる。民俗学者は、フィールドワークにおいてこのコンテクストを、生活に置き換えて考える。毎日の食事と流通の関係、民家の建築と気候との関係、祭りや儀礼と人々の世界観との関係など、文や語が関連づいて文脈が生まれるように、生活を構成する諸要素が関連づいて生活の文脈が生まれる。それは静止画のように止まった風景ではなく、常にルーティーンワークとして動き続けている。日常性は、よそから見れば時が止まったように見えるが、実際には繰り返す営みそのものであり、動き続けている。そこには生活すること、つまり生きることの基盤があり、人はそこに幸せや安心を見出すものであろう。

あるフィールドワークのはじまり

「あの、こんなん相談していいかわからんのですけど、うちの山の家をたたむんよ。で、山いうてもな、えっらいとこやで。ほいでな、なんや古い道具やら何やら、いろいろあるんやして。博物館で役に立つかもわからん思てな、ほいで電話さしてもーたんよ。爺さんと婆さんがまだ住んじゃーるからよ、深っかい山ん中やけど、いっぺん見たってほしいんよ」（六〇代男性）

和歌山県立の博物館施設で学芸員としてはたらき始めた一九九九年、この一本の電話からあの忘れえぬ調査は始まった。山中の実家から高齢の父親と母親を市街地に呼び寄せるため、その家に残っている民具のなかで必要なものがあるか見にきてほしいと言うのである。結果的に山村生産・生活用具のコレクションとして和歌山県立紀伊風土記の丘に所蔵されることになるのだが、フィールドワークのはじまりはこのような偶然のめぐり合わせによることも多い。

和歌山県中部の有田川上流、かつての物資の集散地であり中継地でもある川港の町・清水から、どん詰まりの県道を車で三〇分、そこから舗装もされていない山道を三〇分歩くと、文字通りポツンと一軒家に住んでいた老夫婦のもとにたどり着いた。夫は九〇歳、妻は八九歳のKさん夫婦のもとに、わたしは一年半ほど通い詰めて、民具の調査をすることになった。

今から思えば失礼な話だが、最初にKさんのお宅を訪ねたときは、「何でそもそもそんなところに住んだん?」と思ってしまうような辺鄙なところであった。フィールドワークの前には、必ずその市町村の自治体史に目を通す。この場合『清水町誌』を参照すると、いろいろな有用な資源(商品の原材料)があり、平地農村とは異なるさまざま生業の複合がみられ、町場(集散地や消費地)とのダイレクトな結びつき(舟運や牛馬による運搬)が機能していた時代があったことがわかる。また役場で都市計画図などの白地図をもらう。一〇〇〇分の一の地図まで見ていけば、その土地の開発の歴史を知る上でヒントとなるような痕跡をいくつも見つけることができる。こうしたことは、現地を歩いて調査する踏査の準備となる。

そうしたデスクワークを重ねていくと次の疑問が立ち上がってくる。「何で今もそこに住み続けているん?」である。昭和後期、拡大造林と呼ばれる国を挙げての植林事業は安価な輸入外材に負けて経済的に立ち行かなくなり、植林し続けることで維持されるはずだった山林は、伐採後に放棄されハゲ山が増え、完全に破綻していたからである。時代とともに金になる資源とみなせるものがなくなったことで、仕事が山林での労働から町場に移動し、山村に生きる人々の生計維持は困難となったのである。

事実、Kさん夫婦が住んでいた上湯川という集落には、Kさんを含めて数軒しか残っておらず……なぜ住み続けるのか?という問いは、現地を訪問して決定的なものとなっていった。

一軒の生活を成り立たせる道具類

Kさんのお宅にはしばらく毎週のようにうかがって、民具調査をした。長年住んだ家を離れるにあたり、ほとんどのものを放棄していくためKさんは「何かいいものがあれば博物館で使ってほしい」と言った。しかしこの場合、わたしは一軒の家の道具すべてを収集する調査が可能であり、「何かいいもの」よりも、山村の生活そのものを道具のセットであらわせる可能性があるのではないかと考えた。

こういう民具調査は宮本常一が『民具学の提唱』においてその意義を述べ、一軒まるごとの民具の調査は実際に行われたし、韓国では農家やアパートの暮らしの道具一切を調査する生活文化調査も行われていることを知っていたからである。

かつて今和次郎《こん》は、東京で都市社会の近代化が本格的に進んでいく一九二〇年代の都市風俗を、徹底した観察によって記録する「しらべもの」を行った。考古学ならぬ考現学（Modernologio）と命名され、百貨店などで開催する「しらべもの展覧会」という展示や、吉田謙吉とともに編集した書籍『モデルノロヂオ（考現学）』および『考現学採集（モデルノロヂオ）』を一九三〇年初頭に刊行、一世を風靡した文化研究である。今和次郎は「下宿住み学生持物調べ」とか「新家庭の品物調査」など、当時の現代風俗としての持ちもの調査を行い、地方ごとの生活の違いや階層差を明らかにしようとした。

こうした方法は、戦後こちらも一世を風靡した赤瀬川原平らによる「路上観察学会」のなかでリバイバルし、彼らは「超芸術トマソン」「建築探偵」「マンホール採集」など、雑多な都市空間が生み出す造形に目を向けた。

考現学の系譜から発展した生活学においては、生活者の道具一切を調査する「生活財調査」が試みられた。これは、生活のために人々が所有している物品の悉皆《しっかい》調査であった。現代都市の家庭にあるものは、ほとんどが消費生活の道具であるが、そのすべての家庭生活用品を包括する概念として「生活財」が用いられた。生活の文脈に組み込まれて、一軒の「生活財」として意味ある集合体となっている。そのことへの着目は民具研究にも大いに参考になる考え方であった。

傾斜地に生活空間を造り出す

わたしは民俗学者であるから、その関心はKさんの生活を民俗誌的に理解することにあった。ここに、一軒の民具というモノの集合と、傾斜地に造り出したオモヤ（主屋）・ニワ（庭）・カド（門）・ハタケ（畑）・ヤマ（山）という空間を介在させることで、生活のコンテクストを把握したいと思ったのである。そうして収集した民具は意味あるコレクションとなるし、そのコンテクストはそのまま展覧会の文脈となるからである。

Kさんにこれまでの職業を聞くと、「うーん、なんて言えばええやろか……」と言いよどむ。若い頃は養蚕農家のための桑の葉や、海沿いの町である海南市の日用品製造工場へ卸すシュロの木の皮、そして清水の町の名産品、保田紙《やすだがみ》の和紙原材料となるコウゾやトロロアオイ（紙漉き時に使う粘液）の栽培にいそしみ、道普請《みちぶしん》や林業関係の仕事があれば日雇いではたらき、得意な石垣積みの仕事を請負い、峠越えの荷持ちの仕事や牛の背で物資を運ぶ小荷駄《コンダ》もやった。ということで、ひとつの職業名で自分の履歴を説明することはできず、その時期ごとに収入になるものに取り組んで家族を養ってきたのである。「大事なのは、情報とか噂話なんよ」。次にどんなものが商売になるか、力仕事を必要としている人に信頼してもらい、いち早く声がけしてもらえるかどうかが、Kさんにとっては最も重要なことだったという。

そんな何でも屋さんのKさんは、自分の家も一九五九（昭和三四）年に自分自身で建築し、傾斜地を切り開き、河原の石と、岩盤にダイナマイトで発破をかけて取った石を使って石垣を築いた。主屋・庭・畑のすべての空間が傾斜地にあるため、隣家や道路へ通ずる道は、皮を取り終えたシュロの原木を使ってお手製の階段を造っている。上水道はないため、湧き水を引き込んで水槽に溜め、そこからこれも自作の簡易水道で台所にポンプアップしている。おばあさんは、この水を台所の水瓶に溜めて濾してから使っている。

かまどの燃料は、山で取った薪や柴であるが、着火から鍋で汁物を炊くぐらいならば、バチと呼ぶシュロの皮を取った残りの硬い部分を燃やしてまかなうことができる。お茶をわかしたりおかずを煮たりするのはプロパンガスのコンロを用い、焼きものは庭で七輪を使う。ご飯を炊くのは炊飯器だが、茶粥は何と言ってもかまど火が一番と言って、おばあさんは毎朝かまどに火を入れるのである。

かまどで茶粥を炊く（和歌山県有田郡）

かまど自体は、煙突がついて部屋に煙が溜まらず、火の調節や灰の処理もしやすい、いわゆる文化竈であるが、ここでは火消し壺や十能、火ばさみ、火吹き竹といった昭和前期までの暮らしの民具が、こだわりの茶粥を炊くために現役を続行しているのであった。「たまにびっくりするようなご馳走を食べるより、毎日食べる同じものが美味しい方が嬉しいわな」。おばあさんは、毎日作る茶粥と、毎年作る漬物と味噌のことをいつも考えているような人だったが、わたしはそこに日常性に対する無条件の信頼を感じるようになっていった。

オモヤ（主屋）・ニワ（庭）

オモヤ（主屋）と呼ぶ家屋は入口からゲンカン（玄関）、その奥が食事部屋のシュク（食）、続く二部屋はどちらもネヤ（寝屋）と呼び、仏壇がある。シュクにはエビス・大黒が、土間のかまどの横の壁にはカマド神としての荒神が祀られている。土間の隣に、便所と風呂、クラと呼ぶ倉庫があり、その隣は便所の汲み取り口と薪炭を置くキヤ（木屋）。土間から石垣の方へ裏口を出たあたりが、味噌や漬物、塩などを保存しておくミソビヤ（味噌部屋）である。

先ほど「こだわりの茶粥」と言ったが、おばあさんは、わたしにいつも茶粥をご馳走してくれる。この地方の茶粥食は、一日に五食、つまり朝炊いた茶粥を、朝食、昼食、間炊《けんずい》（おやつ）、夕食、夜食の五回に分けて食べる。そういうことをわたしはそれまでの聞書きで知っていたが、まさか本当に実践している人に出会うとは思わなかった。夏の昼間に冷やした茶粥、ヒヤカユ（冷粥）を食べた美味しさは忘れることができない。また、午後三時には、必ずコーヒーを淹れてくれた。おじいさんは、かまどで沸かしたお湯で、インスタントコーヒーに「クリープ」をたっぷり入れるのが大好きなので、わたしも付き合うのである。

家は南面しているため、一日中日あたりが良く、冬の日向ぼっこは最高であった。縁側に腰かけて三時のコーヒーの際に、おじいさんとぼんやり向かいの山を眺めていると、崖崩れしたところにニホンカモシカの親子があらわれる。「昔あれを獲った人がいて、鍋にして食ったことあるなぁ。牛の仲間だから美味しいんやで」とつぶやく。

文化財の歴史においては、戦前から天然記念物であったニホンカモシカは、昭和二〇年代に密猟によって数を減らし、のちに特別天然記念物に指定されたという経緯がある。ニホンカモシカが山中に生息しているのは、こうした濫獲によって生息域が奥地に押し込められていったためだということも読んだことがある。おじいさんの一言で、わたしは急にそんな歴史が身近なものとして感じられ、草を食むニホンカモシカの親子をじっと見ていた。そんなことも、今となっては良い思い出である。

家屋の前の、横長のわずかな空間は、日常的な作業場となっておりニワ（庭）と呼ぶ。物干し台はクリの木の枝部分を利用しており、南面してよく乾く。玄関の脇には床几《しょうぎ》があり、作業の休憩場所として使われる。刃物の手入れや鋸《のこぎり》の目立ては、おじいさんの日課となっている。庭先は、さまざまな作物を乾燥させるときに筵《むしろ》を広げる場所で、ここで干すものには、番茶を自製するための茶・山椒の実・豆類などがある。物干しの周辺には、おばあさんが季節の花々を植え、よく面倒をみて生活に彩りをもたせている。またここには、盆の八月一三日に施餓鬼棚が設置される。このときは、谷をはさんで見える向かいの山の向こう側が、あの世とみなされる。

オモヤとニワ、カド（和歌山県有田郡）

カド（門）・ハタケ（畑）・ヤマ（山）

生産の領域と山の領域は、意識の上では区分されている。それはこの地域で生活する人々にとって明確な線引きがあり、それをよくあらわすことばがカド（門）とハタケ（畑）とヤマ（山）の区分である。

カドは、オモヤ横の屋敷畑であり、自給用の蔬菜や根菜等を栽培している。これはおばあさんの畑であり、おじいさんはカドをどう使うかに一切口出しをしない。なぜかと聞くと「家事のことは任せてきたから」と言う。家事は炊事や洗濯などを言うのでなく、食事の材料や保存食を作るための畑作も含んでいるようである。さらに、道からオモヤまでの斜面の道沿いには、土止めを兼ねて茶の木が植えられている。番茶を自作し、茶粥用とするためである。庭にはバショウの木が植えられており、祭りの際にバショウの葉で包んだ早なれずしを作る。カドの脇や道には、ユズやカキ、イチジクなどさまざまな「木なりもの」の果物が植えられている。カドの一角は、「野草園」と呼ばれており、ヤマに入って採ってきた山菜を植えて栽培したり、鑑賞用の花を育てたりする。これらすべてがおばあさんの管理のもとにあり、おじいさんは手伝ってと言われない限り手を出すことはしない。

カドの周りに広がっているのがハタケと呼ぶ空間である。文字通り畑なのだが、こちらはおじいさんの管理下にある、謂わば現金収入を得るための作物の栽培場である。シュロの木は、皮を出荷するために植えてきた。その場所には、江戸時代から昭和中期まで、養蚕のための桑の木を植えてきたという。また、明治後期から昭和初期には、桑の木を減らしつつ、紙漉き用のコウゾを増やしていき、昭和中期にはシュロ畑がメインとなっていった。平成に入ってからは、サンショウやキウイ、シシトウの仲間などが〝流行って〟いるので、一部のハタケでそれらを実験しているという。

シュロは、皮がタワシや蓑、シュロ縄の材料となり、葉はシンバ草履と呼ぶ草履《ぞうり》表《おもて》となり、木材は寺院の鐘を突く撞木《しゅもく》や山道の階段等に用いられた。シュロの皮を剥くシューロボウチョウ（棕櫚庖丁）は、ニワに即席の炉を作って、古い鋸を熱して叩き、自作したものである。おじいさんは、長らく石工としての仕事もしてきたので、石を割るための楔であるヤを、鍛冶仕事で自作してきた。石の目に沿ってヤを玄能《げんのう》（石を割る金槌）で打ち込むと石が割れるのである。

ハタケとヤマとの境界は曖昧である。ヤマとは隣家との間の曖昧な空間で、薪や柴を取ったり、焚きつけに用いるコクマと呼ぶ杉葉を採集したり、山菜やキノコを採取したり、そのほか生活に必要なものを取ることができる。それを取るためのルールは、かつては村で決められていたが、住人が町場に移住して軒数が少なくなるにつれ、隣家と相談して分け合ってきたという。その利用は良心に任されていて、約束を破ることはなかったと言うが、それは常に隣家や集落の人々がどのようなものを、どれぐらい取っているかを、何となく把握して互いに目を光らせていたことを意味する。

身についた体の使い方と道具

傾斜地で測量したり民具を調査したりするときに堪《こた》えたのは、いつでもものを運ぶことに難儀することであった。何かにつけてものを持って斜面を登ったり下ったりするのがキツいのである。そういう実感からK家の民具を見ると、ものを運ぶ道具がいくつもあることに気づく。

ものを運んで斜面を登り降りするとき、一番楽なのは背中に背負うことである。この良さは、腰をかがめて荷物の支点を身体の軸に合わせせられることと、両手が空くことにある。とくに舗装していない下り坂は常に両手を動かしてバランスを取ることが求められるため、手で持つより背中に背負う方が断然楽である。男性が使う背負い運搬具はオイコと呼ばれる背負子《しょいこ》である。これは構造的には梯子を紐で背中につけるかたちである。

一方女性が用いる背負い運搬具はオイソと呼ぶ背負い紐である。赤ん坊を背負う要領で、コウゾやシュロの束や、収穫物など、何でも背負って、峠をいくつも越えて町まで売りに行ったという。おばあさんは現在でも、週に一度だけ路線バスで行く買い物にはオイソを持って行く。買い物したものは段ボールの箱につめ、オイソで背負って持ち帰るのである。このオイソは現役で使われている民具だったので、資料としてほしいとお願いしてもなかなか手放せるものではないらしい。そこで何とかお願いして譲ってもらったものは、箪笥にしまってあった少し古いものであった。大事にしまってある様子だったので、何か由来のあるものかと聞くと、「もう流行ってない柄だから恥ずかしくて使えないからあげる」と言う。この地域の女性は、背負い紐の柄で互いのこだわりを主張し合ったようだ。

オイソ（和歌山県立紀伊風土記の丘所蔵）

背負うよりも重いものをたくさん運べるのが天秤棒である。おじいさんは石垣積みの石を天秤棒で担ぎ、坂を登ったものだと教えてくれた。さらに、小さな道具類は必ずと言っていいほど腰に提げる。朝ごはんを食べるとすぐに腰にナタを提げる。これは身だしなみみたいなものだと言うが、紀伊半島では山刀やナタを提げて仕事をするのはわりとあたりまえである。かつては腰紐につけるための根付にこだわった。鹿の骨や角で自作したり、珍しい貝殻をつけたりした。ニホンオオカミのものだとされる顎の骨と牙や、ツキノワグマの爪をつけたものもある。毎日のちょっとしたおしゃれである。

不便な山奥に住み続ける理由

調査を始めて一年半、Kさん夫婦が息子さんの住む市街地へ引っ越しする時がきた。待ち遠しくもあり名残惜しくもある様子であるが、わたしはK家の民具一式を博物館に運搬するとあって、何日か忙しい日々が続いた。何しろオモヤから車が入れる道まで、山道を三〇分も歩くのである。運搬には背負子が大活躍した。

そんなある日、わたしはニワで一服しながら、三時のコーヒーを飲んでいた。向こうの山に今日もやって来たニホンカモシカを眺めながらKさんがつぶやく。

Kさん「和歌山に引っ越したら、忙しいんかな」

わたし「まぁお子さんたちも楽しみにされてるみたいやし、のんびり暮らせるんと違いますか？」

Kさん「……」

わたし「Kさん、なんでここに住んでるん？」
Kさん「……」
Kさん「……毎日することがあるから」
フィールドワークでは、ふとした瞬間にハッとさせられることばに出会うことがある。山中に「ポツンと一軒家」のように住んでいるのは、そこに毎日の生活があるからかもしれない。思い返せば、おじいさんもおばあさんも、毎日のルーティーンワークとしてニワでの作業があり、作業の前には刃物の手入れを欠かさず、おばあさんはカドで、おじいさんはハタケで何かしらいじっている。季節に応じて山に入って取るものがあり、盆行事には施餓鬼棚をたて、一日五回の茶粥を食し、午後三時にはコーヒーで一服する。「毎日することがあるから」、二人はそこで生活をしているのである。
町の側からみれば、病院も遠く買い物にも難儀して、毎日斜面を登り降りしなければならないようなところで「何で今もそこに住み続けているん？」と疑問を抱く。しかしそこに日常があり、明日も「することがある」としたら、むしろ「どうして町に移住しなくちゃならないか？」と考えるのが当然の気持ちであろう。
湧水から水槽に入る樋を外してから三か月後、わたしはK家で収集した民具を民俗誌的に構成した展覧会を設え、初日にKさん夫妻を招待した。展示ケースによそよそしく並んだ民具をことばもなく眺めているふたりには、荷物を背負って斜面をぐんぐん登っていたときの軽快な足取りは見られなかった。博物館を後にするふたりに、毎日どのようにすごしているのかと聞くことはできなかった。

研究のことば【仕事と稼ぎ】

日本の村落の営みには、人間は自然に関わり、自然も人間に関わるような入り組んだ関係性を見出すことがある。共同体はその関係性を維持するシステムとみることもできる。そして、農耕や漁撈、狩猟、栽培、採集などの生業、すなわち技術や労働は、人間が自然に積極的に関与するために行使されるものと言える。

農山漁村は、生活の基盤を生産に置いており、共同体の社会が人間の労働の前提となっている。そのため、労働は、純粋な生産のための行為として、生活や趣味と分離されていない。日常の生活のルーティーンをかたちづくり、それを滞りなく営み続けることで家族を養い、共同体を維持し、自然のめぐみを絶え間なく受け続けることができる。つまり、余暇と労働を分離するような合理的な労働だけではなく、村の寄り合いや共同作業、祭りや儀礼を行うための作業など、現金収入に直結しない労働がいくつも存在する。

一方で、こうしたお伽噺のような見方は、人間を主体として自然を客体とみてコントロールする西洋近代の自然観や労働観の合わせ鏡とも言える。哲学者の内山節《たかし》は、村での暮らしから考察し、「仕事」と「稼ぎ」という区分に注目した。「仕事」とは家族や共同体のなかで行うあらゆる営みのことを言い、「稼ぎ」は文字通りお金を稼ぐことに直結した労働である。それらの入り組んだ関係性を通して、日常生活のなかの合理的な認識が可能なものと、非合理的なものを統一するものは何かと問うた。

西洋の古典的な労働観では、労働はみずからの労働力を商品として売ることで生活を成り立たせるため、それは苦役や試練としてしか感じられないという見方があった。近代思想においては、労働と切り離された余暇、あるいは生活という領域を創り出すことによって、労働に積極的な意味が生まれ、労働と切り離した生活に人間性の復権を求めたのである。内山は、このような労働観をもとにしたのでは共同体を生きる人々を理解できないとして、労働の問い直しを主張する。

民俗学はこの問いに、もっと真摯に向き合わなければならないとわたしは考える。内山はそれをヒントとして、「技」「慣習」「記憶」「物語」の意味を考えることを提示している。

ヴァナキュラーを見出すトレーニング（3）

あなたの身の回りの人が、毎日のルーティーンワークとしていることで、それがその人にとって生活に欠かせないものとなっているようなことはありますか？

良い仕事の定義―身体技法とものづくり

道具を見つつ、人を見る

天秤腰機《てんびんこしばた》という道具がある。布を織る機《はた》のひとつの形式である。のちに発達した、椅子に座って作業する高機《たかはた》に対して、広く地機《じばた》と呼ばれている。地機よりも単純なのは、椅子も枠もなく、織り手はただ地べたに座り、腰に機を固定して経糸《たていと》の端を木や杭に結びつけて布を織る腰機《こしばた》である。腰に固定するから腰機、これで織るとき人間の身体は道具の一部である。

かつて民具研究では、腰機から地機へ、そして高機へ、という進化論を論じてきた。道具は発展し技術は洗練されるという近代的思考に立てば、納得しやすくかつ科学的に理解できる。しかし、この理解では古いと位置づけられた道具を、現代にいたるまで依然として使い続ける人々の文化は、素朴である、ひどいときには遅れているとみられてしまう。古いゆえに伝統的と位置づけられ、それを絶えさせてはならないと認められると無形の文化財となることもある。

現代の民俗学では、むしろ人々が機を織るという、その現実と向き合い、人々が共有している意識や価値観の方を重視する。地域に固有な生活文化をヴァナキュラーと呼ぶが、それはある独特なかたちで共有されていることが重要である。そこには人生があり、まなぶべき何かが潜んでいる。それを露わにして、問いを立てるのが民俗学の役割であり、民俗学は古いもの探しの学問ではない。

地機との出会い

さて、民具を研究するわたしは意外な方向から地機の調査をすることになった。福岡県の宗像《むなかた》大社と、海洋に浮かぶ沖ノ島をめぐる古代の信仰の痕跡は、「神宿る島」宗像・沖ノ島と関連遺産群としてユネスコの世界文化遺産に登録され、沖ノ島の出土品は「福岡県宗像大社沖津宮祭祀《おきつぐうさいし》遺跡出土品」として国宝に指定されている。神秘な力が宿るとされた岩陰に、朝鮮半島との往来をした古代人が、航海の安全を祈願して奉納物を遺したのである。

そのなかに、ミニチュアの金銅製の機《はた》がある。民具ではマネキ（天秤）と呼ばれる、下糸を吊り上げる天秤状の部品がついているから、形式としては天秤腰機である。このアジア的な発達を遂げた機は、奉納物にするぐらいだから貴重な道具であり、職能をあらわす象徴的な道具であり、そして何よりその技術は

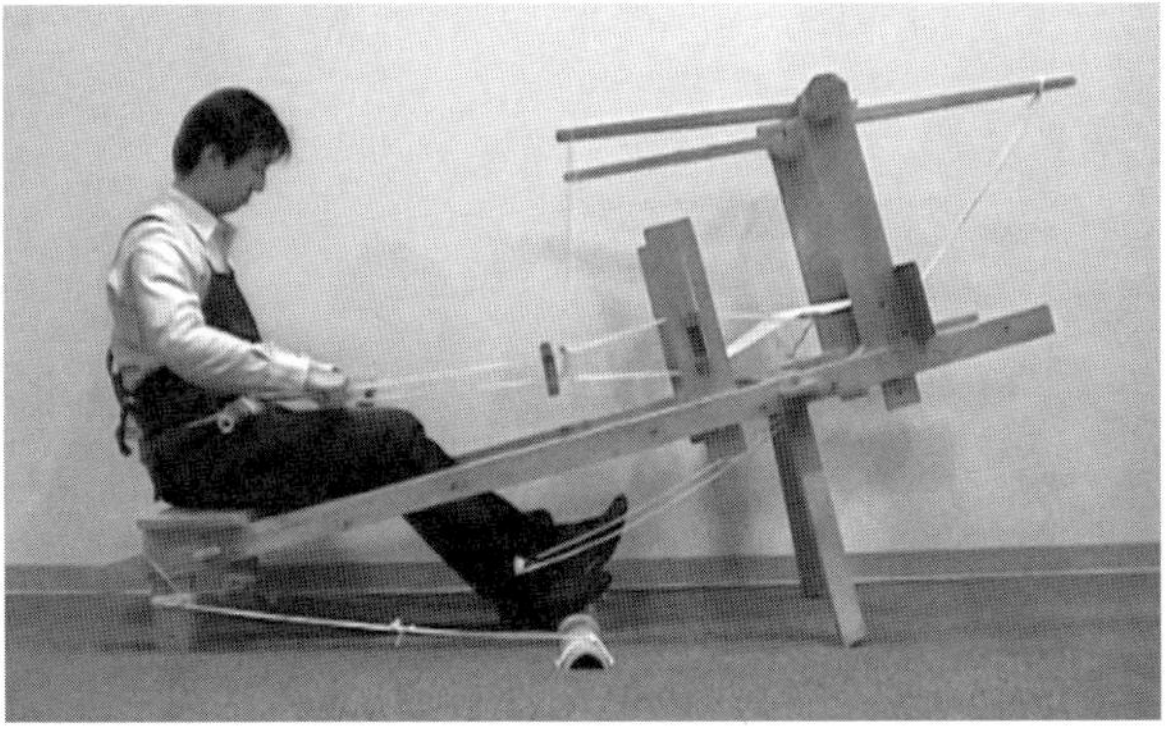

天秤腰機の復元模型

神の技と通じているのと理解されたのであろう。

わたしはかつて勤めていた博物館で、考古担当の学芸員にある協力を依頼された。彼は馴染みの大工とともに、国宝の天秤腰機の模型を忠実に復元したのである。そして曰く、「民俗例を参考に、これに糸をかけて織れるようにしておいて。民俗が専門だったらわかるでしょ？」……ことはそれほど単純ではない。しかし、一方でわたしは面白そうだなと思い、調査経費を捻出して、現在もこの形式の機で織っている人々を訪ねることになった。研究テーマとの出会いは、予期しないところから訪れるものであり、概してそうしたテーマは、楽しい。

木綿以前のこと

天秤腰機が主流であった時代、すなわち高機が普及するより前、日本人の庶民の衣服は、麻やカラムシ（苧麻《ちょま》）などの植物繊維や、樹皮の靭皮《じんぴ》（外皮と幹の間の層にある繊維）を利用するフジ、コウゾ、シナ、アイヌの人々が使うオヒョウの繊維で作られた。江戸時代、庶民の衣服として木綿が流通すると日本の衣文化は大きく変化していったが、かつて柳田國男はそこに決定的な意識の転換を見抜いた。それを記したのが『木綿以前の事』である。

木綿の普及以前、植物繊維や樹皮の繊維で作られる布を身に纏っていたふつうの人々は、それらをゴワゴワするだの、簡素で味気ないだのと、思い悩むことはなかった。なぜならそうした感覚は、木綿を知ってしまった後世の人のそれだからである、と柳田は主張する。木綿の特性は、肌に柔らかで着心地が良いこと、そして色を染めやすいことであった。生活に華美さを求める欲望を戒めるために、庶民は藍染を着用せよとお上《かみ》からお触れが出ても、人々は逆に藍染で紋様を出す技法を洗練させ、あくまで衣類に喜びを求めた。柳田國男は、木綿の手触りの心地良さによって、人々は着心地や布の感触に関心をもつようになった、そして木綿は染めやすいことから、人々は色に対する感性を豊かにし、それを日常のなかにより求めるようになったと主張する。生活を取り巻く物品が変わることで、人々の意識が変わることを、最も身近な着衣から浮き彫りにしたのである。

古い形式の道具が得た新たな役割

腰機や天秤腰機で織られてきた布とは、どのような布か。高機は木綿の普及とともに発達した道具であり、謂わば商品としての布を作る機械である。あえて機械と言ったのは、高機はコツが不要なわけではないが、機自体が機構を備えており、人はそれを操作するという対峙の仕方であり、その意味では自動車を運転することに似ていなくもない。

木綿の普及は、江戸時代の畑作技術と道具のイノベーションと、大量の肥料の流通に支えられていたから、産業化した機織りにおいては効率化と、織り手の上手下手にかかわらず量産するための製品の均質化が求められた。

一方で、腰機や天秤腰機を使用し続ける理由には、二つの側面があった。ひとつは、生活の範囲で使用するもの、商品としても手売りするような小規模のものに対応する道具であること。もうひとつは、強いテンション（張力）で糸をかける高機では糸が切れてしまう素材、あるいは大量に材料が確保できない素材に対応する道具であることである。

前者においては、布が商品として流通し、もはや自作するものでなくなっていくと、それを織るための機は廃れる。これは当然のなりゆきと言える。しかし後者はどうか。道具の洗練化は、素材の特性との関係で起こるものであり、天秤腰機は切れやすい糸で布を織る道具の到達点にある機である。すなわちこれ以上発達のしようのない道具である。

沖ノ島に古代人が奉納した模型が、すでに道具としての到達点（クライマックス）にあることには驚かされるが、ゆえにその形式とそれで織る技術は、日本各地に継承されてきた。例えば、八丈島の「黄八丈《きはちじょう》」や、琵琶湖の平野部の「近江上布《おうみじょうふ》」などは、素材の物性（物・フィジカリティ）から部品の角度や長さに独自の変化があるものの、基本的には沖ノ島出土品と同じ形式の天秤腰機で織られ続けてきた。道具の機能とは、どう役に立つかの説明だとすれば、高機で織ることができない糸を布に仕上げることこそ、天秤腰機が獲得した新たな機能であり、存在意義であった。

天秤腰機のフィールドワーク

さて、わたしが「復元した天秤腰機の糸かけをして布を織れるようにする」というミッションを帯びて訪ねたフィールドは、四国・那賀川上流に位置する徳島県那賀郡の旧木頭村《きとうそん》、徳島県と高知県の県境の山村であった。この土地の人々は、山あいの地域とはいえ、那賀川沿いに広くはない水田と畑を開拓し、背後にせまる里山としての山林の資源を生かしながら生活してきた。稲作・畑作・林業・コウゾ栽培・シイタケ栽培・果樹栽培・黒炭の製炭・肉体労働・物資運搬など、一年のなかでさまざまな仕事を組み合わせることで生計を維持する、典型的な山村である。

民俗学で仕事と言うとき、それは商品を作り出したりサービスを提供したりすることで生活費を得るという、文字通りの仕事にとどまらない。藁細工や薪柴等の燃料の確保、保存食の製造、炊事洗濯などの家事、家の修繕や道具の手入れなどの家庭内の労働、そして道や屋根の普請、祭りの運営、芸能の継承、揉め事の解決、村の会合への出席、親戚付き合いといった共同体の一員としての労働も、広い意味での仕事ととらえる。山村や漁村など、隣人との関係性が都市よりも濃厚なコミュニティにおいては、「労働と余暇」といった近代的な労働の区分は厳密にあてはまらない。はたらくこととは生活することと、同義であったりするのである。最初に川端で出会った高齢の男性に、「この土地の暮らしはどういったものでしょう」とわたしが問うと、一拍おいて、「常にはたらいているようでもあり、いつはたらいているかよくわからないようでもあり、でも毎日なんかしら仕事をしているような、そんな土地やな」という返答、これがこの地域へのわたしの印象を決定づけるひとことなった。

那賀川河川敷のコウゾ畑（徳島県那賀郡）

旧木頭村で作られてきた布に、太布《たふ》がある。紙漉きに用いる材料としてコウゾ栽培が盛んなこの地域で、そのコウゾの繊維で作られるのが太布である。コウゾはクワ科の樹木であるから、太布は樹皮布である（樹皮布は原始布と呼ばれることもある）。コウゾの靭皮を、蒸してから灰汁《あく》（現在は苛性ソーダ）で煮てタンパク質の結合を解くと、繊維が取り出せるようになる。その繊維を叩いてバラバラにし、トロロアオイの粘液とともに水に溶いて漉けば和紙になり、繊維を紡いで糸にして、その糸を天秤腰機で織れば太布となる。男性は冬の仕事としてコウゾの収穫や処理を行い、紙漉き用に出荷したのち、女性の家庭内労働として太布の機織りが営まれてきたのである。全国的にみても稀有な樹皮布で、しかも布そのものの品質がずば抜けて良い。

太布の用途と素材の特徴

太布はもともと、山村の素朴な日常着の素材であった。織ったばかりはゴワつく布も、使用していくうちに馴染んで柔らかくなっていく。そして摩擦にも引っぱりにも強くしなやかな布に仕上がっていく。この布は、生活のなかで使われることで完成するのである。三世代にわたって使われてきた仕事着というものも現地には残っており、その強靭さがうかがわれる。

また、山仕事の供《とも》である白飯《しろめし》の弁当を入れるワッパ袋、山で使う道具入れのツノ袋は、太布で作る民具の代表的なものである。ワッパ袋は襷にかけて背負い、ツノ袋は、物を入れて二つの三角の布部分で結ぶ独特なかたちである。

太布は商品でもある。反物の状態で仲買人を介して買いつけられた太布の運び先は、吉野川流域の製糖工場。太布は、藍、和紙とならぶ、江戸時代の徳島藩の特産品のひとつ、三盆糖《さんぼんとう》の搾り袋に最適なのである。現在でも和菓子作りに不可欠な三盆糖であるが、味もさることながらその白さにこそ価値がある。サトウキビの搾り汁から作られる砂糖は、煮詰めた段階では茶色であり、いわゆる黒糖の状態である。そこから太布の搾り袋に入れて重しをかけて圧搾すると、黒蜜が染み出し、残った砂糖をさらに手で「磨く」ことで、真っ白い三盆糖となるわけである。この圧搾には、太布以外の布では破れてしまうため、現在でも太布が欠かせない。砂糖作りは、太布の強靭さという特性に支えられているのである。

コウゾの物性と機仕事

さて、太布はその強靭さから、山仕事の道具や砂糖の圧搾という、ヘヴィーユーズな仕事に用いる道具の素材として選ばれてきた。その強さは、コウゾの繊維の硬さとしなやかさという素材の特性、すなわち物性に支えられている。でき上がった布製品は非常に丈夫なので、数世代にわたって使用されるのである。

一方で、素材の硬さは、糸や布の製作過程においては、あつかいにくさにつながっている。まず、コウゾ糸は、強いテンションをかけられないため、高機にかけると糸切れを頻繁に起こす。そのため、腰で調整しながら糸が切れない程度にピンと張るといった、微妙なテンションをかけられる腰機に適している。

コウゾの繊維は硬い。そのため、整然と並んだ経糸が、上糸下糸の交差のときに、毛羽立った繊維によって隣の糸を引っかけて切ってしまう。機織りでは経糸が切れて、機結《はたむす》びで補修することはよく行う作業であるが、硬い繊維ではそれが頻繁に起こってしまう。旧木頭村の女性たちは、それへの対策として、常に機の隣に布海苔《ふのり》を煮た糊を用意している。糸の毛羽立ちを抑えるため、経糸を布海苔で固めてコーティングし、毛羽そのものをくっつけてしまおうというわけである。

この作業があるため、女性たちは布を織りながら刷毛で糸をコーティングするという、他の機織りには見られない作業がある。そしてそれを行っても糸は切れる。他の機織りよりも、機結びで経糸を補修する作業を頻繁に行うことになる。これらの作業は、手元に近い方が効率が良く、作業のたびに織っている姿勢も変えなくていいため、太布の天秤腰機は、台の傾斜角がおよそ四〇度近くと、かなり立ち上がった形状となっている。その部分では機のかたちは地域に固有な独自の発展を遂げている。

コウゾの繊維の布を作る→樹皮の繊維は硬い→毛羽で糸が糸を切ってしまう→毛羽をなくすために経糸を糊で固める→それでも切れるため結び直す作業が頻繁→糊塗りと機結びを手元に近いところで作業をしたい→結果的に機の角度を起こした独自の形状となった。こうした地域固有な事情による道具の発展は、この土地独特なヴァナキュラー文化であり、すべては繊維が硬いという物性（フィジカリティ）から出発している。

機の身体技法

天秤腰機は文字通りの全身運動である。基本的には、上糸が上に、下糸が下にある状態と、逆に下糸が上に、上糸が下に入れ替わった状態の二つの状態を作り、その都度、緯糸《よこいと》を右から左へ、左から右へとはさみながら、杼《ひ》で押し込んで詰めていく、この繰り返しである。天秤腰機は、マネキに結んだ紐を伸ばした足につなぎ、その足を曲げるとその天秤が吊り上げられる仕組みである。機織りは、経糸のうち上糸と下糸を交互に上げ下げして入れ替え、そこに緯糸を通していくことで布を組成する作業である。天秤腰機の場合、マネキは経糸の下糸に一本ずつ結びつけられているから、上糸下糸の入れ替えがスムーズで、かつ両手が自由になるのである。

仕組みを説明すればこのようになるが、実際にはそう単純なものではない。自転車に乗るとき、右足をこいで踏み込んだ状態と、左足をこいで踏み込んだ状態の、二つの状態の連続だと言っても、自転車を進め続ける動作の説明にはならない。途中でこいだ足の力を抜き、逆足に軸を移しつつ、手でハンドルを握って左右に倒れないようにするなど、実に多くの動作によって、この二つのパターンは成立している。天秤腰機も仕組みを説明したところで、実のところ何も語れていない。

労働をめぐる固有な価値観

現地で織り手の女性たちにこの土地で使われる天秤腰機の動作や大変さについてまなんだわたしは、博物館に戻って早速布作りにかかった。偶然ではあるが、館のスタッフのOさんは織物の作家であった。彼女は「糸偏《いとへん》の仕事」、つまり染色や編み・織りの技術、糸や布を熟知しており、このわたしの古代の機織りチャレンジに加勢してくれた。しかし、実際に織っていく工程は身体的に適応していくしかないから、経糸をかけ終えたところで「後はガンバって！」と放り出されることになった。そこから、毎日の終礼後に四時間織り続けるという特訓が始まったのである。

　この言語化不可能な機の動作を、織り手は二つの事象によって意識することができる。疲労と失敗である。

　まず、天秤腰機は、足・腰・両手・腹・背中などの一連の動作で布を織る点に特徴があり、無駄のない動作が求められる。しかし、それは容易なことではなく、フィールドワークでの女性たちの言い方では、「三年ぐらい、つまり三シーズン織り続ければ入り口に立てる」という。腰機は腰で経糸を引っ張ったり緩めたりして、緯糸を通す際に上糸と下糸の開口がきちんと開くことがポイントである。これを実現するには適切に足を曲げたり伸ばしたりしつつ、連動して腰を引いたりかがめたりする必要がある。一連の動作は、日常生活のどの動作とも似ておらず、地機での機織りに特有なものであるが、自転車と同じで慣れてくると考えなくても経糸が張るものである。逆に考えているうちは、経糸は開かず、緯糸を通すことができない。

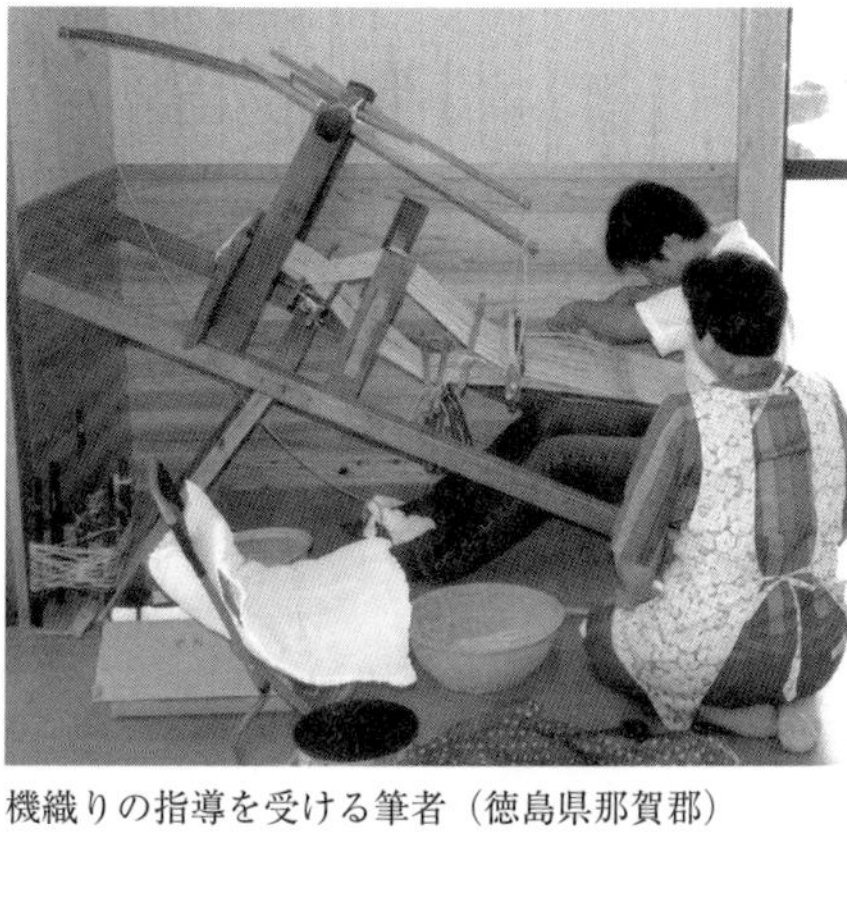

機織りの指導を受ける筆者（徳島県那賀郡）

これを四時間やるとどうなるか。当然、腰が痛くなったり、脇腹が痛くなったり、肩が凝ったりする。しかし、現地では「右の脇腹が痛いのは、右足を引いたときに腰がまっすぐになっていないからで、その動きを一日やれば痛いに決まっている」といったことを言われたものだ。個別の動作のずれや歪みと、特定の部位の痛みが関連づけて説明されるのだ。もはやアスリートのトレーニングのようだが、実際、疲労は動作の無駄に通じていると言うのである。

次に、動作の連続性が重視されるため、使い終わった道具の置き場所や、手の置き場所が、適切に配置されていることが重要である。動作に無駄がなくなると「上手くなった」と実感するが、それは道具を落としたり、動きが止まったりすることがないということでもある。単調な動きを単調に繰り返すことこそが良い仕事であり、求められる動作であった。何より機道具を床に落とすと、ひどく怒られる。それは道具を大切にしていないというような精神からではなく、この動作のときになぜこれをここに置いたのか、その前はそこには置かなかったという反省である。常に同じ場所に道具を置き、同じ動作でそれを取り上げることが、単調な動きの一部なのである。

ここで言う「良い仕事」は、この調査の最も重要な要素であった。彼女たちにとっての良い仕事とは何か。現地で聞いた話では、毎日同じ時間作業をして、同じ成果を出すことが重要で、ある日だけガンバってたくさん織ったり、ある日は休んで少なく織ったりするのはダメで、リズム良く、毎日の単調な仕事が、良い布につながるのだと説明された。作業量は多いよりも、毎日同程度進むことが「良い仕事」であり、効率性よりも、単調さに価値が置かれているのである。

わたしは現地調査のなかで機織りに関わる女性たちが、機織りの先輩、年長者への敬意を強くもっていることを感じた。ある女性の「毎日毎日、たくさん仕事して、長生きしたら一番仕事したことになる」ということばが印象深い。人生を通じて毎日単調に織り続けて、最も距離を長く織った人には追いつくことはできない。自分がその年齢になったらようやく追いつけるかもしれないが、今は追いかけることしかできない。名人とは誰か、それは人生で一番長い距離を織った人、それが単調さを重んじる仕事の目標なのであろうか。

わたしは旅の過程よりも、博物館に戻ってきてから毎日のように天秤腰機に向かって無心に織っていくなかで、そうした現地のことばや価値観を自分なりに理解していった。

この調査で、技術は進歩するという前提で、発達した技術、素朴な技術という先入観を持たないようにするという、頭で考えただけの論理を一歩ふみ越えたような気がした。進化論的なものの見方では、未発達、未成熟と位置づけられる技術にも、その技術でなければ作れないものがあり、特定の素材や環境がその機能を可能にするような素材と道具との深い結びつきがあるのである。そしてそれを動かし、ものをつくる人々のあいだには、布作りを通して営む生活の論理があり、それは人生観と結びついていた。

「機を織ることは生きること」ということは、ものづくりへの情熱やその仕事への決意を示すような肩肘張ったものではなく、単調に毎日仕事をして、長生きすれば一番の名人として尊敬されるという、隣人愛や年長者への敬意と結びついたものであった。

研究のことば【身体技法】

人は何かの目的を達成するために、道具を使う。木を伐るために、人は金属に鋸目を立てた道具＝鋸《のこぎり》を手に持ち、手刀では伐れない木材を伐ることができる。水を掬うために、人は水漏れしない素材でできた器＝柄杓《ひしゃく》やコップを手に持ち、指の間から漏れ落ちる水をこぼさず掬うことができる。道具と身体は別々に存在するが、道具は手の延長であり、身体の拡張である。拡張された身体は、もはや道具の一部であるから、人間は自分の身体すらも道具として用い、日常のさまざまな仕事をしている。人間の環境へのアプローチにおいては、道具の身体化と、身体の道具化が、何らかのかたちで起こっている。

重要なことは、人間の動作やしぐさ、作業の方法は、文化的に共有されており、人との関係性のなかで身につけるものであるということである。身体の動作は、文化の賜物《たまもの》である。それは仕事のなかの作業にとどまらない。お礼の気持ちをあらわす身体の動作、泣くときの姿勢、愛情や嫌悪をあらわす動作、無意識に動かす顔の表情筋の動作ですら、文化に縛られている。

こうした、身体の動作や表現の文化的な側面の全体を「身体技法」と言い、それを意識したり記述したりすることは、異文化を理解するために不可欠なものである。

重要なことは、人はいくつもの文化の身体技法を、同時に生きることができるということである。人は生まれ育った場所の文化に縛られ続ける一方で、移住先の文化や、付き合いのある人の影響、習得した新しい技術や仕事を取り込み、不断にそして死ぬまで身体を更新し続けることになるのである。

ヴァナキュラーを見出すトレーニング（4）

あなたが取り組んでいる表現活動や仕事、スポーツ、趣味などにおいて、その道を極めるとはどういうことですか？　独特な「良い仕事」についての価値観はありますか？

漁撈技術と知識──技術の変化と家庭の味

はたらく男の力飯

漁村や港町でフィールドワークをするのが好きだ。その理由は、とにかく調査の後の飯がうまいこの一点に尽きる。魚介類は鮮度がすべてと言って良い。都会の料理店や贅を尽くしたコース料理よりも、水揚げされたばかりの海の幸に勝るものはそうそう出会えない。海の幸の美味しさは、単純に海中から揚げてからの時間が短い方が勝ちである。海のない地域で生まれ育った大学生は、そもそも魚が苦手、臭みが嫌だ、骨がめんどうくさいと、魚介類を嫌厭しがちである。しかし、地物の魚介類を食べさせる民宿に、一週間も合宿して調査すれば、かなりの学生たちが「ここでは食べられる」とホヤやカキ、ウニなどを好んで食べるようになる。

また、漁村や港町には、必ずと言っていいほどホルモン焼きや焼肉の名店があり、海のフィールドワークを重ねてくると、そこに通うようになる。煙がもうもうと立ち込めるなか、仲間とダべりながら肉を喰らうような小さな店は、ひとりで暖簾をくぐるのは躊躇してしまう。しかし、一日の漁や作業の取材を終えて、話者が「何時に集合な！」と誘ってくれたら、もう楽しみで仕方がない。また港町は、労働者の町であるから、明日への活力を得るためのパワー系の濃い味料理が好まれる。浜の中華料理店の濃い味半ちゃんラーメンとか、餃子定食がおなじみの食堂とか、ソースが決め手の焼きそば屋とか、ガッツリ炭水化物を摂る食品は、健康に対する配慮に欠けるが、とにかくうまい。

港町の「はたらく男の力飯」が、名物料理になったようなものもある。例えば、三陸海岸の気仙沼港の名物、気仙沼ホルモンである。全国の漁港のなかでも、日本の水産業を支える規模の特定第三種漁港（いわゆる特三）である気仙沼は、遠洋漁業の根拠地であり、かつ多くの港湾労働者も集まってくる、全国屈指の港町である。ここの名物は、メカジキ丼やフカヒレ、モウカの星（サメの心臓の刺身）など、海の幸には事欠かないが、ボイルしない生の豚もつを味噌ニンニクだれで焼いて食べる気仙沼ホルモンは一度は食べるべきレシピである。キャベツの千切りにウスターソースをかけてホルモンと一緒に食べる。遠洋漁業の最盛期であった昭和三〇年代には、多くの店が軒を連ね、すっかり港町の名物となった。

漁村や港町では、男性も女性も威勢のいい人が多く、男たちのなかには絵に描いたような「宵越しの金は持たねぇ」的な気風をもった人間の魅力に出会うことがしばしばある。かつてわたしは和歌山市の港町、和歌浦漁港にあった番屋のような小屋で営む焼肉屋で、酔っ払った男性にこう言われたのが印象に残っている。「宵越しの〝疲れ〟はもたねぇ。その日の労働をその日のうちに処理するために、肉を喰いにくるんや」。その食事は、はたらく仲間の絆を深めていく。漁村や港町では、はたらく仲間の関係性がとても重視されるからである。

一攫千金、ハイリスク・ハイリターン

動力を用いたり、設備に投資したりして、水産加工品を製造するような「産業としての漁業」の成立によって、漁業自体が独立した職業となった。しかし、もともと漁業とは、地先や沿海の生きものとしての魚介類を得るものであり、漁村と言っても生業からみれば基本的には農村であり、いわゆる「半農半漁」の生活が一般的であった。そのため、大漁祈願や豊漁感謝の儀礼はあっても、生活サイクルのベースは「農」にある。魚は野生生物なので、気象や海流などさまざまな環境の要素に依存して生息している。人間は、その習性を経験的に理解することでそれを捕獲する。野生生物は人間の思い通りにならないので、大漁になったり、不漁になったりする。すなわち、一攫千金も狙えるが、安定しない。漁村の日常生活の安定をはかるのはあくまで農業なのである。

漁業は海という人間にとって不利な条件での仕事なので、事故がつきものである。その不利を挽回するには設備の充実が必要であり、それには資本が必要である。より大きな利益を求めれば、より多くの投資が必要となる。近代漁業は、どれだけ先行投資できるかが利益に直結するハイリスク・ハイリターンの産業と言える。

近代漁業は明治以降の近代化とともに大きく進展した。江戸時代の漁業は沿海漁業にとどまっていたが、明治以降、先進的な地域において船の大型化と動力化のイノベーションが起こり、人々は沖合に乗り出したのである。漁獲物の保存は、伝統的な干物、塩蔵、発酵、燻製などに限られていたため、漁村には現在にいたるまで、こうした民俗技術が浸透している。しかしこれも、漁獲物の流通や、冷

蔵・冷凍技術が整備されることによって、相場を考慮して出荷することが可能になった。「魚介類は鮮度がすべて」と冒頭で書いたが、「鮮度」が問題となるのは、生魚の流通が可能となって以降であると考えれば、それ自体が一〇〇年程度の歴史しかない新しい価値観と言える。

こうした産業において重要なのは、人材と情報である。漁業はもとより共同作業に支えられた生業であったが、それは単純な分業体制によるシステム的な共同作業ではない。一人ひとりの気象や潮目、対象となる生きものの行動や生態などに対する経験的な知識と、統率する者のタイミングを逃さず作業を適切に行う決断力やリーダーシップがものを言う世界でもある。そして新技術の導入や市場の動向などの情報が、捕った獲物の価値を高めたり落としたりする決定的な要因ともなる。漁村や港町は、それゆえ常に人と人の関係性のなかで営まれる世界、はたらく仲間の関係性が最優先される社会なのである。

震源地に最も近く、世界三大漁場に最も近い

二〇一一年三月一一日に発生した、三陸沖を震源とするマグニチュード九・〇の東北地方太平洋沖地震は、地震の揺れや津波のみならず、原発事故や交通遮断による物資流通の機能停止、ライフラインの断絶等によって多くの人的被害をもたらした。この地震によって発生した津波は、三陸沿岸部で遡上高最大四〇メートル以上、仙台平野では海岸から最大六キロメートルあまりが浸水した。

牡鹿《おしか》半島は、宮城県石巻市の東部に位置し、リアス式海岸の続く三陸の南端に突き出た半島である。

仙台湾に面した南側を表浜、反対側の北側を裏浜と現在でも通称する。古くから霊場、金華山の玄関口として知られ、漁浦《ぎょうら》はそれぞれの地形を生かしながら半農半漁の暮らしを立ててきた。石巻・三陸金華山沖は黒潮（暖流の日本海流）と親潮（寒流の千島海流）がぶつかり合う世界屈指の好漁場で、グランドバンク（カナダ・ニューファンドランド島沖）、イギリス・ノルウェー近海とともに〝世界三大漁場〟に数えられる。日本の水産業における最重要度の漁港と位置づけられる特三漁港が、塩竈・石巻・気仙沼と三つも集中しており、これらの復興は日本の水産業全体にとっても大きな課題となっている。

　東日本大震災を引き起こした東北地方太平洋沖地震の震源地から、直線距離で最も近い牡鹿半島では、表浜も裏浜もともにほぼすべての集落が甚大な被害を受け、集落解散を決めた地区もある。牡鹿半島は、多くの地震・津波の被害を乗り越えてきた地域でもある。近代以降だけを見ても、一八九六（明治二九）年の明治三陸津波、一九三三（昭和八）

牡鹿半島遠景（宮城県石巻市）

年の昭和三陸津波、一九六〇（昭和三五）年のチリ地震津波、そして二〇一一（平成二三）年の東北地方太平洋沖地震による四回の津波があり、およそ七〇年に一度は町や漁浦、港湾部が壊滅的な被害を受ける。

震災後、マスメディアでは、こうしたリスクにもかかわらずなぜ人は住み続けるのかと議論されることもあったが、地元の漁師の目線からみれば、何と言ってもここは世界三大漁場の好漁場であり、生活の安定どころか、一発逆転の桁外れな利益を得るチャンスのある海である。常に働き口があり、むしろ人々は積極的にこの地域に集まってきた。良質な海産物は、何にも代え難いこの地域の大きな魅力であった。

わたしは震災後、東北地方の三陸海岸での磯根《いそね》、沿岸、沖合のいろいろな漁業についての調査を行ってきた。磯根とは、沿岸部が砂浜でなく岩がゴツゴツしているようなところを言い、浅ければ磯であるが、深ければ根である。根には岩陰に身をひそめる習性のある魚やタコ、ウニ、アワビなどが生息しているから、陸から最も近い場所にある豊かな漁場である。ここではこの半島の漁村のフィールドワークについて紹介してみよう。

半島の南側：表浜の漁業

牡鹿半島の水産業が、仙台湾側の表浜と、女川《おながわ》湾側の裏浜ごとに特色があるのは、半島をはさんだ南側と北側で、海底の地形や水温がまるで違うからである。わかりやすい例では、寒冷な海に適したホタテ養殖は半島の北側、すなわち裏浜が南限であり、表浜ではうまくいかない。仙台湾のシラスは閖上《ゆりあげ》港で「北限のしらす」としてブランド化しているように、仙台湾までが盛んである。裏浜でも捕ることはできるが魚種の構成が変わる。シラスとはイワシ類の稚魚のことだが、牡鹿半島からは北では主力はコオナゴ（イカナゴの稚魚）となるのである。

表浜の漁業は実に多様である。石巻や塩竈、仙台へと海を介して開けており、海産物を出荷するイサバ（五十集と書く）が発達し、ノリやカキの養殖も盛んに行われてきた。もともとは江戸時代以来のカツオ漁やイワシの網漁などがあり、漁村の生産物は鰹節や魚油・魚肥などの加工品であった。明治期まで非常に盛んに生産されたアワビの加工品である灰鮑《かいほう》は、干して燻し、カビをつけて保存できるようにするもので、鰹節の技術が応用されたものである。「鮮度」が問題となる以前の漁業である。

この土地の魚介類の利用の歴史の名残は、正月のお雑煮にみることができる。仙台の雑煮は松島湾で捕れるハゼを燻して乾燥させた焼きハゼを用いることで有名であるが、牡鹿半島ではより多様な食材で出汁を取る。ハゼやセイゴ（スズキ）、アジ、ドンコ（磯のアイナメの一種）の陰干し、干しホヤ、炙りアナゴなどである。要は魚介類を何らかの方法で乾燥させたものが各家に常備されており、ハレの日の汁物にも用いられたということである。

冷蔵・冷凍技術が発達し、「鮮度」で勝負できるようになると、世界三大漁場の底力を発揮できるようになった。縄に何十もの餌入りのハモド（筌）を延縄のように吊り提げて漬けて引き上げるアナゴ漁（この地域ではオオアナゴをハモと呼ぶ）は現在でも盛んであるが、地元で消費されると言うよりは、そのまま豊洲《とよす》（かつては築地）に持ち込まれ、高級食材として消費される。潮の穏やかな入り組んだ湾で営まれるワカメ・カキの養殖も、流通があって初めて成立するものである。

表浜でこれまでわたしが食べた、極上の美味しいものをここで自慢してみよう。汁物はボッケ汁、ドンコ汁、タラ汁、煮付けならメバル、ソイ、アイナメ、塩焼きならサヨリ、メロウド、季節限定の茹でたシャコ、ワタリガニ、スクモガニ、メカブ丼やわかめしゃぶしゃぶ、アナゴは蒲焼や白焼も良いが地元で好まれるのは甘～く煮つけた甘煮、珍味にはボッケの卵の醤油漬け、ドンコの肝和え、アンコウの共和《ともあ》え、酢の物ならナマコ酢やホヤ酢、カキは生でも焼いてもフライでも美味しい。あぁ、よだれが出てくる。商品価値としての「鮮度」が問題となる以前から、漁村の人々は海からの恩恵を、とびっきりの鮮度で味わってきた。地先の磯根で営む採集漁業などが古くから営まれてきたその生活の歴史は、現在の食卓のおかずに引き継がれている。

大謀網の水揚げ（1950 年代・鹿井清介撮影）

半島の北側：裏浜の漁業

一方裏浜は、女川や気仙沼に向いており、寄磯浜《よりいそはま》などでは気仙沼のカツオ一本釣り漁船に餌として供給するための漁業も営まれてきた。寒流と暖流の潮目にあたる金華山周辺では、大謀網《だいぼうあみ》と呼ばれる数キロにもわたる超大型の定置網がかけられるほか、水深二七メートル以下の場所に営まれる小型定置網も各所にみられる。また、火光利用敷網漁業は、コオナゴやイカナゴ漁のために水中に網を張り、その上に集魚灯をつけて魚群を集めて引き揚げるもので、ランプ網と呼ばれる。こうした漁業で成功した者は、流通業や民宿などの観光業に転じ、失敗した者はまた磯での零細な漁から再出発した。

牡鹿半島では、豊富な海産資源から少なくとも磯根漁業と農業の兼業でひとまず生計維持ができるという。聞書きでは「事業に失敗したら磯根からやり直せばいい」ということばを聞いたが、対象はアワビ、ウニのほか、ネウ（アイナメ）・カレイ・スエ・アイ・ボッケなどのいわゆる根魚《ねうお》、カニ、フノリ、ヒジキ、ワカメ、テングサなどである。

裏浜の漁師さんのご馳走も、自慢しよう。アワビは刺身、バター焼、雑煮や汁物、ウニは殻むきウニはもちろん、炊き込みのウニごはん、ウニとジャガイモ等の煮物が良い。磯のものは最高である。ヒジキと野菜の煮物やフノリと高野豆腐の味噌汁、生ノリの佃煮、タコ飯、つぶ貝の煮つけなど家庭料理でこそその魅力は最大限に発揮される。あぁ、またよだれが出てきた。目で見て、手を動かし、耳で聞いて、潮風の匂いを嗅いで、舌で味わう。なかでも舌で得た情報は、五感のどれよりもこの地域の生活文化の理解に直結している。

「技術は常に北の南部から」

こうした磯のものを捕る道具について、地元の漁師は「新しい技術は常に北の南部から」という表現で伝播の経路を語る。江戸時代の仙台藩領の北側にあるのが南部氏の治めた盛岡藩領・八戸藩領。文化的にも伊達氏の治めた地域とは大きく異なり、生活文化の違いとして現在まで意識されている。このことばは、南部地方から伝わる異文化が定着したというニュアンスがあり、かつその地域は牡鹿半島からみれば「南部」なのに「北」にあるということば遊びとなっているのである。

アワビは近代における牡鹿半島の特産品であった。牡鹿半島で捕れるのはエゾアワビで、磯根漁業の主力のひとつである。牡鹿半島では北海道のようにタモ網を使うのではなく、船の上から箱眼鏡でのぞきながらアワビカギで捕る。アワビカギは箱眼鏡同様、基本的には岩手から南下して伝播した道具であった。また、新潟県の佐渡から青森、八戸経由で伝来した天秤式のイカ釣り漁も、牡鹿半島からみれば「北」からきた新技術と考えられている。

南部地方と言っても、青森県の東部と岩手県の北部、秋田県の一部も含まれるから、海から山までその面積は広い。ただこの場合、「南部」と言うのは三陸の北部を指している。この岩手県北部の太平洋沿岸から集団で南下して、大規模定置網を設置する集団がナンブシュウ（南部衆）である。

アワビカギ（石巻市教育委員会所蔵・文化財レスキュー資料より）

ナンブシュウは、数キロから十数キロにもおよぶ大規模な定置網、大謀網を設置することができる特殊技能集団である。この大規模な定置網を、牡鹿半島の地主層の家が誘致し、その四〇人ほどの集団にテンヤと呼ぶ寄宿舎に寝泊まりしてもらいながら漁業を営むのである。この大謀網は多くの雇用を作り出し、半島部を潤した。大謀網は、今の価値で換算するとひと月に何億も稼ぐようなドル箱漁業なのである。

漁業は経済と直結している

東日本大震災後、農林水産省や経済産業省、復興庁、政策金融公庫等のさまざまな復興関連補助金による支援が行われてきた。それは、おのずと政府の農林水産行政の今後の方向性に基本的には沿ったかたちで復興が進められる。食に関して言えば、農林漁業者による加工・販売への進出（六次産業化）と地域の農林水産物の利用促進（地産地消）が大きな方向性であり、これに向けた取り組みを含めたかたちで支援がなされた。被災地の復興は、地震の直前を目標に復旧するのではなく、基本的に持続的発展が可能なモデルへと産業構造を作り替えることが意図されているのである。

ここで基本的な路線となるのが、いわゆる六次産業化・地産地消法（「地域資源を活用した農林漁業者等による新事業の創出等及び地域の農林水産物の利用促進に関する法律」平成二二年一二月三日公布）である。その基本は、①生産者と消費者との結びつきの強化、②地域の農林漁業及び関連事業の振興による地域の活性化、③消費者の豊かな食生活の実現、④食育との一体的な推進、⑤都市と農山漁村の共生、⑥食料自給率の向上への寄与、⑦環境への負荷の低減への寄与、⑧社会的気運の醸成及び地域における主体的な取組を促進すること、とされている。

災害常習地においては、復興政策は常に災害の前日を再現することを目標としてこなかった。むしろすべてが振り出しに戻った状態にあって、それまでさまざまなしがらみから実現できなかった思い切った政策を、半ば実験場として投入しながら、災害の前日の状態とはまったく異なる産業基盤を構築することが目論まれた。

東日本大震災からの水産業の震災復興においては、六次産業化と地産地消に適うことに加え、水産物を使って都市住民と地域住民、あるいは消費者と生産者が結びつく仕組みや、加工・流通業までをふまえた新しいかたちの漁業経営を創り上げることが重視された。そうした過程でグループ化や企業等とのタイアップが促進され、商品価値が高くブランド化が強力に進められる金華さば・金華かつお・銀鮭・カキといったものに集約的に支援が行われた。被災地域のブランド食材は復興政策と不可分なかたちで創り出されてきたのである。

漁民は定住する

そもそも牡鹿半島のカキ養殖は、近代に沖縄出身でカナダで水産事業を起こした宮城新昌《しんしょう》が、大正期に垂下式牡蠣養殖法を牡鹿半島に導入し、種ガキの北米への輸出を軌道に乗せたところから始まるとされる。養殖業は基本的にイエごとに経営され、そこに繁忙期は雇い人を入れた。家業としての養殖業である。ノリの養殖は昭和三〇年代は盛んに行われたが、より利益を上げられるカキ養殖が主流となっていった。養殖業は、栽培漁業とも言われるように、農業と似たところがある。つまり漁民の定住と、家ごとの連帯による共同体の形成が前提となっている。養殖業は、漁民の流動性を弱めるが、それは桁外れな儲けよりも生活の安定を優先する思考に根ざしている。

復興政策としては当然のことではあるが、東日本大震災後の牡鹿半島の水産業の復興は、商品力の高いもの、すなわち六次産業化の可能性を含むものへ集中的に支援が行われている。こうしたものが、名物として全国に流通していき、三陸沿岸の特産品として受け入れられていくとすれば、被災地域のブランド食材は政策的にコーディネートされたものと言えよう。

地元の漁協や漁師の人たちと話をしていると、こうした政策や方向性が話題にのぼる。被災地の漁業者は、〝絵に描いた餅〟のような政策のコンセプトを、どのようにすれば地域の漁業として営めるか、そのかたちを模索しながら努力を続けている。そのとき重要になるのが、歴史的に半島部で営まれてきた、身近で多様な漁法である。それは晩ご飯のおかずに最も近い漁業である。

海に生きることは、生きものや気象、環境に対する経験的な知識（暗黙知）をベースにしつつも、技術革新による新技術と道具の投入、「鮮度」という商品価値を高める流通を、絶え間なく動員して利益を上げるハイリスク・ハイリターンな生業を前提としている。そこではたらく仲間や家族のつながりが重要視され、それを日常的に結びつけているものが食文化である。流動性から定住へとはたらき方が変化していっても、そのことは漁村の地域社会にとっては重要であり続けている。

民俗学のフィールドワークでは、ブランド化や産業化の影で埋もれていく、多様な地先の漁法を丹念に見出していく。それは金を稼ぐことにつながっていないことも多いが、食卓におかずとしてのぼり、隣近所にお裾分けするというようなかたちで、人と人をつないでいる。こうした地元にとってはありふれた日常を理解するためには、身体感覚を研ぎすませること、とりわけみずからの舌で理解すること、つまりともに食べることが重要である。そこには、人々が大切にしたい価値が表現されている。これだから、漁村でのフィールドワークはやめられない！

研究のことば【フォークターム】

民俗学のフィールドワークでは、地域や業種に独特なことばに、しばしば出会う。新潟県の佐渡島ではヤマオビと言えば普段着のなかでつける帯のことで、とりわけ労働しやすい衣服でつけるものである。佐渡に限らず、かつて労働に用いる袴をヤマバカマと言ったように、ヤマということばは、日常のルーティーンや日々の仕事と結びついている。ヤマオビということばには、それを用いた経験のある人にとっては、一般名詞以上の生活実感を思い起こすものであり、聞書きの現場ではそこから豊かな自分語りのエピソードが引き出されることが多い。

ではヤマオビについて何を記述し得るだろうか。帯の機能や種類、素材など観察可能な説明、ことばの由来や用途などの説明、たまたま思い出した暮らしのエピソードなどを書くことはできても、そこにある日常性そのものは記述し得ない。後は読み手が想像力をはたらかせてくれるのを期待するのみで、書き手にできることは、想像力をうながすために記述を厚くすることぐらいである。フィールドワーカーは、自身が調査地で理解にいたったものを、読み手と共有するために、小さなコミュニティの生活において固有に使われていることばを、フォークターム(民俗語彙)としてカタカナ表記する。

フォークタームは、何も村社会や田舎に限って存在するものではない。学校の教室にも、職場や業界にも、特有な背景や意味をもったことばは存在し、それは固有な文脈を背景にもっているから、ヴァナキュラーに通じている。文化はことばを共有することでもある。それは過去の民族集団の文化にとどまらず、現代のあらゆるコミュニティに遍在する。美術大学では「一般大学」ということばを日常的に使い、その度に美大生の独特な日常や価値観を共有する。特定の地域や共同体に特有なことばには、文化的背景と、固有な生活の文脈がひそんでいる。

ヴァナキュラーを見出すトレーニング(5)

あなたが取り組んできた表現活動やスポーツ、趣味などにおいて、この技術はどこから伝えられた、ここが本場だと言われているような技術や道具、材料などはありますか?

復興のなかの創造──災害の歴史と技術継承

三陸らしい港町

初めて雄勝浜《おがつはま》を訪れたときの印象は忘れられない。宮城県の石巻から、北上川沿いのどこまでも続く葦原《よし》を眺めながら車を走らせ、河口に近い新北上大橋の手前で山手に曲がる。のどかな釜谷の集落を横目に峠を越えて坂を下ると、深く入り組んだ湾に出る。ひしめき合うようにならんだ家々のあいだを抜けて港近くまで来ると、あちこちから石を削る音が聞こえてくる。雄勝浜は、漁業と養殖の町であるが、国の伝統的工芸品に指定されている雄勝硯《すずり》の生産地でもある。三角屋根が目を引く全面スレート貼りの雄勝硯伝統産業会館の手前で車を停めると、雄勝湾に注ぐ小川から聴きなれない音がする。橋桁からのぞいて見ると、婚姻色で胴を赤らめたサケの群れが、われ先にと川を遡上していた。

その翌年、この地をおそった東日本大震災による津波は、それまで人々の記憶にあるどの津波よりもはるかに大きく、山ぎわの家々をふくむ九割以上の家屋を押し流した。約一五メートルの津波は一〇〇名以上の命を奪い去り、町は瓦礫の山と化してしまった。震災から一年後に訪れた時には、伝産会館の三角屋根だけが取り残されたように建っていたが、震災前にサケの遡上を目のあたりにした小川の脇に、ひとつの石碑が置かれていた。それは誰かが瓦礫のなかから見出し、わざわざ立て直したチリ地震津波からの復興記念碑であった。

この「雄勝土地区画整理事業完工記念碑」には、雄勝浜の中心部が一九六〇年に起こったチリ地震津波で壊滅し、そこから三五年かけて復興し、一九九九年に復興記念碑として建てられたことが記されている。その晴れやかな除幕式から一二年後の二〇一一年、雄勝中心部は東北地方太平洋沖地震によって再び約一五メートルの津波を受け、壊滅したのである。復興には三五年かかり、その町は十数年しか維持できない、この地域の歴史はその繰り返しであった。

復興期の日常と生活

わたしはいくつかの震災の被災地でフィールドワークをするなかで、常に語られる「復興」ということばについて問いをもち続けてきた。「復興が遅れている」「復興が道半ばである」「復興政策の失敗」「震災一〇年、ようやく復興を果たしたこの地域で……」といった表現が、いつも喉元に引っかかった骨のように飲み込めないのはなぜだろう。人々の暮らしの歴史を、地域の人々とともに掘り下げていく一〇年で思いいたるのは、復興とは「完成」がないということである。政策や都市計画の上では、「計画」が完了した時点が「完成」ではあるが、それはあくまで「計画」の「完成」であって、その後も生活は動き続けている。上記のどのことばも、復興には完成があるという前提に立っており、その完成は理想化されがちである。その理想は絵に描いた餅であるから、現実とのギャップで人々は葛藤することになる。

思えば、六、七〇年に一度は大地震と大津波に見舞われる地域である。つまり事件や事故を記した年表としてみれば災害の連続であるが、実は年表に書かれない災害と災害のあいだの空白が復興期である。復興の連続がこの地域の歴史であったと考えると、見方は少し変わってくる。この一〇年、わたしたちは必死に復興の歩みを進めてきた。そこには復興が日常となった生活がある。では過去の人々は、この年表の空白をどう生きてきたか。これが被災地で得た素朴な問いである。

スレート屋根葺き講習会

わたしが雄勝浜に関わるきっかけは、東日本大震災前の二〇〇九年、国の選定保存技術「石盤葺《せきばんぶき》」の技術継承のための記録作成の仕事を、宮城県教育委員会から依頼されたことであった。選定保存技術とは、重要文化財の建造物を守るために必要な技術や、工芸品を製作するために欠かせない道具づくりを継承するために、文化財として指定するものである。「石盤葺」は、スレート屋根葺きの技術であり、有名なものとしては東京駅丸ノ内本屋や北海道庁旧本庁舎（通称：赤れんが庁舎）がある。

石巻市雄勝地区は硯や石盤、天然スレート等に加工される良質な玄昌石《げんしょうせき》の産地として古くから知られてきた。玄昌石の性質は石目に沿って薄く板状に剥離するため、硯や建材に利用されてきた。とりわけ雄勝地区内では黒く硬質な岩が採掘され、硯と天然スレートの石材「雄勝石」として知られている。工芸品としての硯から、家や寺社の積み石まで、石の幅広い利用はこの地域の文化的な特色のひとつである。

わたしの調査は、技術保持者のSさんが講師をつとめるスレート屋根葺き講習会に参加することから始まった。年に一度開催されるこの講習会は、石巻や仙台の工務店の若い大工を集め、石盤の加工と屋根や壁への固定といった基本的な技術と、ウロコや菱形、亀甲、ハマグリなどのいくつものパターンをまなぶイベントである。最初の一時間ほどは石材を薄く均等に割っていく作業と、押切を使って石盤を成形する作業を覚える。玄昌石は、層状の組成のため縦に打撃を与えると真っ直ぐに割れる性質をもっている。コツをつかめば同じ厚さの板を量産することができるのである。こうして作った石盤に、先の尖った工具をあて、金槌で叩くと穴を開けることができる。屋根の骨格に鉄釘で石盤を固定し、同じ調子で横に並べていくことで屋根を葺くことができる。

技術の民俗調査は、実際にやってみるに限る。技術は語り得ぬものだからである。たとえ職人として一人前の仕事ができなくても、実際にやりながら教えてもらうことで、ことば以上の説明で技術の一端にふれることができるからである。この調査の場合は技術継承のためのワークショップとしての講習会に、二〇歳前後の大工見習いのみなさんとともに、そ

スレート屋根葺き講習会（宮城県石巻市雄勝町）

のノウハウについての詳細をまなぶことができ、石のことを知る貴重な機会となった。

震災後の民俗調査の再開

講習会の後、雄勝湾の隣の集落である明神《みょうじん》で、わたしは石材の採掘と加工工場を営むK社長にいろいろと教えを乞う機会を得たが、それを始めたところで起こったのが東日本大震災であった。そんななか、震災後の「宮城県地域文化遺産復興プロジェクト」にて、わたしは工芸技術の後継者となる若い技術者や職人のために、ベテランの作業の映像記録の撮影と監修を行うこととなった。最終的に数時間におよぶ映像テキストと、普及用の短編映像を制作したが、それは震災後の工芸技術の復旧期の貴重な記録ともなった。

東日本大震災によって、雄勝浜の硯工人の工房のみならず、雄勝浜に隣接する明神地区に所在した採石後の加工工場や雄勝スレートの普及施設もすべて流失した。ハード面においては、工芸の生産地に必要なものをすべて失ったと言っても過言ではない。震災の翌年にわたしが取材を再開した時、彼らは更地に建設したプレハブの作業スペースと、津波で被災した旧石巻市雄勝総合支所庁舎の機械室で、硯製造を再開していた。

K社長は採石加工業を営んで三代目にあたる。八〇歳を超えてなお油圧ショベルに乗り込み、みずからの手のように操って石材を的確に掘り出す雄勝石採掘の名人である。震災後は玄昌石の採石加工を後継者の若者たちに教えながら、雄勝硯の再興に挑んでいる。

鉱脈を目指して、油圧ショベルで層を剥ぎ進めていく工程をクチキリ（口切り）と言う。古くは手掘りの人海戦術であった。岩盤の石には、加工しやすいが高級硯にはやわらかすぎるナミイシ（並石）と、中級・高級硯、自然石硯などに用いるジョウイシ（上石）とがある。

硬質で良質な石材であるジョウイシを採掘できるようになったのは、第一にパワーショベルやブルドーザーなどの重機が使えるようになったことによる。ピンポイントで掘れるようになった分、求められるのは石の埋蔵状況の見立てと、掘る前から内部の地層を見透かすような高度な知識と経験である。

採石場で石を運搬可能な大きさまで割る作業そのものをオオワリ（大割り）と呼ぶ。道具としては石取り用の金梃子《かなてこ》とヤ、ハンマー、手槌、オオビキ・コビキに用いる鋸、石割り鉈・叩き棒、砥石といった程度のもので事足りる。石を割る作業の効率性を上げるには、道具を改良するよりも、掘り出した石を吟味して、肌理《きり》のそろった不純物の少ない石材や、節理《せつり》の整った石を的確に選ぶ方が早い。せっかく掘り出した石も、節理がそろっておらず綺麗に割れなかったり不純物が多かったりすると、硯材としては適わず、ボロとして採石場に放棄することになるからである。

石を剥離させてオオワリする（宮城県石巻市雄勝町）

次に、採石場でオオワリしてダンプカーで麓の工場まで運搬した石材は、電動丸鋸によるオオビキ（大挽き）、電動帯鋸《おびのこ》によるコビキ（小挽き）、コギリ（小切り）によって、だんだん小さい規格化された石材にしていく。最後に、電動回転盤に水と川砂を撒いて石の表面を研磨し、硯材の完成である。

現代の硯の製作技術：アラボリ

硯材から大まかに硯のかたちを掘り出す作業をアラボリ（荒彫り）と言う。工人は、最初に硯材を手で表裏を返して、どちらを彫る面にするかを決める。このとき、同時に見るのが異物混入の有無である。石の生成の過程で粒状や筋状の非常に硬い部分ができることがあり、それらをジャガと呼ぶ。ジャガは鑿《のみ》では削れないし、ドリルで無理に押すと硯材が割れてしまう。工人は、石のなかに埋め込まれた表面から見えないジャガも、全体の石の感じからある程度予測できるという。また、石の色や微妙な色の濃淡も確かめて、最終的にどう彫るかを決める。このことばでは言いあらわしようのない吟味を、表裏を返した一瞬で見ているのである。

硯を作るはじめの工程は、電動ドリルでアラボリすることである。一九七〇年代までは鑿一本で彫り上げたものであった。しかし雄勝硯は量産品である。同じものを同じ調子で求められた数だけ作るために、手に握った鑿先と同じ繊細さで電動ドリルを操る。電動ドリルと言っても、工人は石を削りやすいように、また製作する製品の形状に応じて、刃先を自分で削って加工を施している。工人が工業製品である電動工具をカスタマイズすることは、職人仕事ではよく見られることである。「良い仕事は道具を良く切らす」ことが基本だからである。

電動ドリルでテンポ良く石の平らな面を適切に窪ませると、硯の縁があらわれてくる。これをフチタテ（縁立て）と言い、硯の形状を決定する重要な作業であると言う。このシュルシュルとい う石を削る音が小気味良い。深く彫るとモーターに負荷がかかって少し低音になり、細かいバリを整えるときはシュンシュンと軽やかな音を出す。工人は同じものを作るときに同じ手数で彫るので、リズムが出るのである。鑿一本で彫り上げた時代も、電動ドリルの時代も、家の外で音を聞けば技術のほどが知れると言う。熟練の結果として意図せず出る音にこそ、力量があらわれるというのは職人の魅力的な世界である。

現代の硯の製作技術：ジサライ・シアゲ・ケショウ

硯は、墨汁が溜まる奥の深い部分をウミ（海）、手前の墨をする部分をオカ（陸）、その境界の傾斜した部分をハト（波止）と呼ぶ。オカは墨堂とも言うが、そこですった墨汁がどうウミに流れていくかが硯の良し悪しを決めるという。ジサライ（地浚い）とは、このウミからオカへといたる空間を彫り上げることである。オカには目に見えない硬い石英を露出させ、そのホウボウ（鋒鋩）が墨の削れる速さや削れ方を決定する。その箱庭的な世界が小さな硯の窪みのなかで表現されているのであり、工人はそれを生み出す庭師のような存在である。

実際の作業は石を削り込んでいくので、引き算の仕事である。鑿の長い柄を利き手の肩にあてて体全体で石を彫るため、硯工人の肩にはみな硬いタコができている。肩が痛いのは今も昔も硯の工人の職業病だという。その鏨は自分の体格に合ったオリジナルの鏨で、三種類あれば最低限の仕事ができる。一番太いものを深く削る彫り鏨、平らにするジサライ鏨、仕上げの丸鏨。柄のかたちや長さはもちろん、平鏨、角鏨など、自分の作業に合ったかたちに砥ぐので、他人の鏨を使って彫ることはできない。

シアゲボリ（仕上げ彫り）では、刃先の細い鏨を用いて各部のかたちを整えていく。砥石や耐水ペーパーを用いて表面を平滑にしていく。これは工人の妻と手伝いの女性たちの仕事である。同時に墨をするオカの部分は、墨汁が適度に溜まり、また墨がよくすれるように、その形状や面の仕上げに注意を払う。硯の良し悪しを最終的に決定するのは、実はこの女性たちの磨きの作業なのである。指先で何度もなでながら、凹凸をなくし、水のはけぐあいなども確かめながら、砥石でかたちを仕上げていくのである。

最後にケショウ（化粧）を施す。硯の縁に漆を塗り、それが乾ききる前に煤をこすりつける。その後イボタの粉をはたき、布でこすりつけると硯には光沢が出てくる。イボタとは別名イボタ花とも呼ばれる研磨剤で、イボタノキに付着するカイガラムシの一種であるイボタロウムシの分泌物を加工し

鏨で硯を彫る（宮城県石巻市雄勝町）

たものである。日本刀や木材、碁石の仕上げ磨きに古くから用いられてきた。高級硯に漆を塗るのは、見栄えだけの問題ではなく、玄昌石が層状に剥がれる性質をもつので、これをとめるためである。一般用にはカシュー塗料等の代替漆やコールタールを用い、材料コストを抑えている。

江戸時代から明治三陸津波、昭和三陸津波

雄勝地区で採れる玄昌石が、硯の原材料として適していることは古くから知られてきた。『封内風土記《ほうないふどき》』などの江戸時代の地誌にも雄勝が硯石の産地であったことが記されているし、伊達政宗の墓所からは硯が出土している（ちなみに墓所からは日本最古級の鉛筆も出土している）。硯を一子相伝の技として受け継いだ奥田主計《かずえ》は、伊達政宗の鹿狩りの際に硯を献上して褒美を賜り、その子孫も藩のお抱え硯師として格別のあつかいを受けてきたとされるように、その材料としての価値のみならず工芸技術においても仙台藩を代表する産物に数えられてきた。しかし、それが生業と呼びうるほどの規模をなし、産地を形成するのは近代に入ってからである。

もともと雄勝浜というところは、地先の海産物採集と自給的な農業を営むような半農半漁の浦々が所在する場所であった。最初に雄勝の玄昌石に目をつけたのは、横浜の商人であった。海産物の買いつけにきたこの地で、良質な岩盤を石版に加工して海外に輸出することを思い立ち、一八七七（明治一〇）年に雄勝の明神地区に工場を建設したのである。同じ時期、民間企業だけでなく官製の産業としての採掘も企てられた。それは宮城集治監《しゅうじかん》（現宮城刑務所）に収監された西南戦争で敗れた元薩摩藩士らによる、囚人の強制労働での岩採掘・加工作業であった。宮城集治監では、野蒜築港《のびるちくこう》建設やこの雄勝での石材採掘に囚人が動員された。この囚人による採掘のために雄勝分監が設置され、のどかな雄勝浜に突如として石材加工の作業場が建設されたのである。石を採掘するという特殊な技術と知識は、もともとこの地にあるものではない。先進技術を誇った薩摩藩の藩士がどのように関わってくるのかは、謎のままである。

この頃製作されたものは、近代の学校教育で用いられた石盤であった。ノートブックがない時代、児童は小さな黒板のような石盤にロウ石で字を書いて勉強したのである。雄勝からアジア各国へ、規格化された石盤が横浜経由で輸出された。しかし、そのにわかな繁栄も、一八九六(明治二九)年に発生した明治三陸地震にともなう津波によって、雄勝分監の使用していた作業場はことごとく破壊され、住宅も一〇〇戸以上流失した。

一八九六年の津波以後、採石業と学童用の石盤製作は徐々に再開された。明治から大正期の学童用筆記用具として石盤の需要は途絶えることはなく、雄勝の石盤製作は明治末期から本格的に地元企業によって事業化され、発展していった。しかしその勢いは大正時代末期にはすでに欧米に圧され、雄勝産の玄昌石は、近代建築の天然スレートに移っていった。北海道庁旧本庁舎が建設されたのが一八八八(明治二一)年、旧帝国京都博物館本館(現京都国立博物館本館)が一八九五(明治二八)年、岩手銀行旧本店本館が一九一一(明治四四)年、東京駅丸ノ内本屋が一九一四(大正三)年である。雄勝産天然スレートが用いられた、日本の文化財史上特筆すべきスレート葺き洋風建築は、まさに明治三陸津波と昭和三陸津波の間の時期に建築され、現在にいたる石盤葺きの技術もこの時期に成熟していったものであった。しかし雄勝浜は、再び一九三三（昭和八）年に発生した昭和三陸地震にともなう大津波によって壊滅的な被害を受け、家屋三五〇戸以上が流出してしまったのである。

昭和三陸津波からチリ地震津波、東日本大震災

昭和三陸津波からの復興期、雄勝の玄昌石はもっぱら学校教材としての学童用硯の生産に特化していった。昭和二〇年代半ばに生産量が増大し、この時期、工人二〇〇人、ダンケ（檀家）と呼ぶ販売業者が一一社あったというから、その活況ぶりを推して知ることができよう。順風満帆にみえた雄勝硯と採石業は、再び一九六〇（昭和三五）年のチリ地震津波によって八〇戸以上が流失倒壊し、町は大きな被害を受けた。復興においては浸水地域を居住地から除外する措置が取られたが、その後は徐々に低い土地にも住宅は進出していってしまった。

チリ地震津波からの復興期、高度経済成長期とベビーブームによって、学童用硯はピークに達して、一九八〇年代には全国の九〇パーセントのシェアを誇る一大産地に成長した。石粉を固めた人造硯も含めた大量生産品の販売拡大は、当然のことながら作業の効率化と工程の分業化をうながすこととなった。同時に輸入の中国製硯との競争から、学童用だけでは生き残れないことが明白となってくる。

この時期、雄勝浜には精緻な彫刻と洗練された作品を制作する硯作家が何人もあらわれ、その評価は確固たるものとなっていった。こうした産業としての硯と工芸品としての硯の両面が、その歴史を

含めて評価され、雄勝硯は一九八五（昭和六〇）年に国の伝統的工芸品に指定された。その後、発生したのが東日本大震災であった。さまざまな震災復興の事業や補助金を使いつつ、工作機械製造の企業による支援や、全国から集まったボランティアの力を借りながら、更地となった町から硯づくりは再スタートした。関係者の筆舌に尽くし難いほどの努力と、一〇年かけて育ってきた若手工人たちの活動によって、玄昌石の新たな魅力づくりが模索され続けている。

例えば近年、雄勝硯の石材を用いて作られる「石皿」を、多くの和食店やカフェ、イタリア料理店、居酒屋などで目にするようになった。これは震災後、工人の多くが避難していた時期から硯生産と並行して製作されてきたものである。工芸品の海外販路拡大によって需要を伸ばすクールジャパン海外展開事業で、シンプルかつモダンな日本の工芸品として海外にも紹介され、マットな漆黒の石皿は人気を博した。これなどは、まさに天然スレートの加工技術と、硯の仕上げコーティング技術を応用した新たな商品であり、「玄」＝黒く、「昌」＝美しいの名を冠した、雄勝産の石の魅力を再認識させてくれる。

復興のたびに生まれ変わってきた工芸品

プレハブの仮設の組合事務所と工房を経て、二〇二〇（令和二）年、雄勝中心部地区拠点エリアの高台に観光物産交流施設「おがつ・たなこや」と「雄勝硯伝統産業会館」がリニューアルオープンした。生産体制の立て直しから、新たな商品開発、そしてミュージアムの開館まで、一貫して産地を支えてきた雄勝硯生産販売協同組合事務局長のCさんは「ようやくいろいろ新しいことに思いを馳せることができるようになった」と希望を語ってくれた。

このことばにわたしはハッとさせられた。繰り返し襲ってくる津波でいつも壊滅的な被害を被ってしまう雄勝は、復旧を終えた一〇年後ぐらいから災害の前とは異なる方向でのものづくりが動き出し、災害前とは違った産地に生まれ変わってきた。明治三陸津波からの復興期にはそれまでの石盤作りから天然スレートへ、昭和三陸津波からの復興期には学童用硯が主力商品に、チリ地震津波からの復興期には伝統工芸としてまた高級硯の産地としての地位を確立し、東日本大震災からの困難な復旧期にも、石皿という新たな魅力ある商品を開発するなどの試行錯誤をしてきた。

いつの時代も変わらないのは、玄昌石の鉱脈とその石を採掘し、加工する技術である。硯は、書画の世界の美意識と結びついた工芸品であり、この石材と技術を象徴するものである。しかしこの地域を歩いてみると、神社の扁額や石碑にもこの石と技術が用いられているのを発見するし、クールジャパン海外展開事業で話題になった石皿のようなアイデアや、玄昌石に描く絵画など、面白い使い方もある。年表における大津波と大津波のあいだにある空白期、その時期には、いつの時代も新たな商品やアイデアの試行錯誤と、ニーズや販路の開拓が行われてきた。この土地の文化継承の最も重要なことは、古いものを大切に守り伝えることではなく、断絶と創造のなかで生み出す新たなものづくりとデザインのマインドなのである。

C事務局長の「ようやくいろいろ新しいことに思いを馳せることができるようになった」というこ

とばに、わたしは「そうだ、この土地の人々にとって、勝負はこれからなのだ」と腑に落ちる思いがした。

研究のことば【正統的周辺参加】

硯工人のEさんが修業を始めた、終戦間もない頃は、子どもは学校から帰ってきたら親の手伝いで硯のアラボリ作業を手伝ったという。多くの子どもは、学校を卒業する前から修業奉公に入り、最初はものを運んだり掃除したりといった雑用係で、職場に慣れてくると次第にフチタテの作業を習うようになる。そこから三年間はたらいて、来る日も来る日も同じ作業を続けていく。基本的な硯を一人で仕上げることができるまでには、五年以上の仕事の繰り返しが必要で、満足のできるものになるには、また自分なりの硯を作り始めるには一〇年以上の時間が必要とされた。当時は、四五平《しごひら》というサイズの学童用硯を、一日に一〇〇枚彫るのが一人前の目安であったという。

職人の世界や工房での仕事に特徴的なこのまなびのプロセスを、正統的周辺参加と呼ぶ。ひとつの分業体制によるチームワークを基本とする実践の共同体では、そこへの参加の度合いを増していくことが、学習そのものである。これを唱えたジーン・レイヴとエティエンヌ・ウェンガーは、そのまなびを「状況に埋め込まれた学習」と呼び、最初は下っ端の仕事をしながら、より熟達している人がこなしている仕事を見よう見真似でだんだん覚えていくまなびの過程があることを明らかにした。

これはアルバイトの職場や、学校のサークル、劇団や映画撮影などの現場、大学の研究室、博物館でのまなびなど、社会のなかに遍在するまなびのかたちであると言える。「周辺的」な位置からだんだん「中心的」な役割を果たすようになっていく、謂わば下っぱであってもその共同体においては役割をもって「正統的」に参加している。あなたの人生のなかにある正統的周辺参加を振り返ってみてはいかがであろうか。

ヴァナキュラーを見出すトレーニング（6）

災害からの復興が、それまでの慣習にとらわれない大きな変化が起こるきっかけとなったように、アフターコロナには、どんな変化や発展が起こると予想しますか？

記憶を担う造形—捕鯨文化と人生の誇り

三陸海岸最南端の牡鹿半島・鮎川

宮城県の西部、太平洋に突き出した牡鹿半島の尖端近くに、鮎川という港町がある。近代捕鯨や大規模定置網で栄えたこの町は、霊場金華山へと渡船が発着する港であることからもともと人の往来があったものの、明治中期までは半農半漁の漁村であった。半島の先の離島である金華山周辺は好漁場であったため、鮎川には何人かの漁業資本家が育っていた。彼らは、一八九六（明治二九）年の明治三陸津波、一九〇三（明治三六）年大凶作からの復興の起爆剤として、西日本の捕鯨会社の誘致に動いた。海を血や油で汚す捕鯨と漁業は、どこでも対立の火種となるものであるが、漁業資本家らは地元の零細な漁業者らを説得し、鮎川は近代捕鯨の一大拠点として成長していったのである。

地元資本の沿岸捕鯨者もあらわれ、鮎川は複数の企業による「産業としての捕鯨」と、地元資本による「家業としての捕鯨」が、ともに発展していった。港湾部には商店や映画館、娯楽施設が並び、半島の先にあるとは思えないほどの活況を呈したのである。国際的な商業捕鯨一時停止となってからは、調査捕鯨の研究拠点として、また文化としてのクジラによる観光地として発展していったが、その町は二〇一一（平成二三）年の東日本大震災で壊滅した。三陸海岸の他の地域と同様、鮎川の歴史は六、七〇年に一度見舞われる大津波からの復興の歴史である。

わたしは東日本大震災の後、学芸員として牡鹿半島に蓄積されてきた旧牡鹿町の文化財収蔵庫の文化財レスキューを担当することとなった。瓦礫と資料がごちゃ混ぜとなった現場からレスキューされた資料は、四トントラック八台分におよび、わたしは大学生やボランティアとともに五年かけて応急処置と整理作業を行った。それと同時並行で、被災した民俗資料を被災地で展示して、その用法や製作方法について調査を始めたのであるが、人々が語るのはかつての地域の暮らしのイメージ。それも震災直前や災害の記憶ではなく、この土地の黄金時代、すなわち一九五〇年代から二〇年あまりにわたる商業捕鯨全盛期の町の桁外れな賑わいであった。

わたしは博物館活動によってレスキューした文化財の調査のみならず、文化財としてこれまで認識されてこなかったような、人々が大切にしたいと考えるものを再認識する活動、「復興キュレーション」を始めた。震災から一〇年間で二八回の展覧会を行い、民俗調査を実施し、地域住民や小学生とともに地域文化の再発見のための活動を展開してきたのである。

家族・隣人の歴史

災害に関する展示では、観覧者はふつう、災害の痛ましさにことばを失い、報道では知ることのない現実にふれ、記憶を継承する意義に思いいたる。しかし、わたしたちの展示では、いつも人々はおしゃべりに興じ、何とも満足げに帰っていく。なかには翌日も朝から来る人もある。これが民具、すなわち暮らしの道具の資料のいいところでもある。応急処置を終えて展示する被災民具を見て、人々は楽しそうに語るが、それはたいてい、自分自身の若い頃の武勇伝や失敗談、家族のエピソード、地域の特定の人に対する思い出ばなしなどである。民具は、家族・隣人の歴史を掘り起こす記憶のトリガーであり、そのエピソードは居合わせた別の人と共有できる。まったく知らない人のことを話しながらも、奇妙に意気投合して、話に花を咲かせるのである。ふだんの会話でも自分語りをしがちな東北の気質ゆえかもしれないが、しかしそれは民具のチカラでもある。

「復興キュレーション」で重視したのは、民俗学的に明らかにすることよりも、人々が語りたいことをテーマとして、それを学術的に深掘りすることである。ひとつの展示で聞いたエピソードから、次の展示のテーマが浮き彫りとなり、その連鎖によって地域の暮らしのイメージを共有していく。ここでは、地域の誰かの思い出を語ることが、別の人とつながるための社会参加の方途となるのである。

見えてきた三陸の捕鯨文化

「捕鯨の鮎川か、鮎川の捕鯨か」と言われたほど、鮎川の基幹産業は捕鯨である。現在も小型沿岸捕鯨の前線基地であり、地域の食文化にも鯨肉食は深く浸透している。しかし、鮎川の捕鯨は、紀伊半島の太地《たいじ》のように江戸時代以来の〝古式捕鯨〟の伝統があるわけではない。ノルウェー式捕鯨を導入した企業的な捕鯨技術と、油や肥料、缶詰の加工工場が、セットで丸ごと伝えられて定着したのである。

商業捕鯨全盛期の鮎川は、クジラの臓物と血と骨の臭いと、それらを加工した肥料や油の臭いが充満していた。人々はそれを思い起こしながら、当時は「クジラの臭いは金の匂い」と言ったものだと笑い飛ばす。決まり文句となった自虐的な表現から、人々はまぶたの裏に当時の町並みを投影し、同時に鼻をつくようなクジラの臭いを思い起こすのである。

鯨油や肥料を主力商品とする企業による「産業としての捕鯨」と、地元資本家による「家業としての捕鯨」の共存は、鮎川の捕鯨の特徴である。なかでも「家業としての捕鯨」ではミンククジラを捕獲し、それは鮎川の鯨肉食文化と直結している。そして鮎川の歴史のなかには、もうひとつの柱となる「南氷洋捕鯨」があった。戦前から捕鯨会社のツテを頼って多くの若者が南氷洋捕鯨の乗組員となり、戦後のオリンピック方式の時代（捕獲頭数だけが決まっていた各国争奪戦の時代）は、鮎川や隣接の浜の出身者がこぞって南氷洋捕鯨船団に加わった。商業捕鯨一時停止以降も、船の乗組員たちは遠洋漁業や水産庁関連の船舶、タンカーや貨物船など、世界の海ではたらいたのである。

「くじらトレジャー」に込められた人生の物語

南氷洋ではたらいた人々が持ち帰った〝土産物〟が、鮎川では各戸の玄関先や居間に陳列されている。南極のペンギンの剥製や寄港地のエキゾチックな工芸品、サンゴの飾り物や南太平洋の貝殻、極楽鳥の剥製、巨大なシャコ貝、色うつくしい巻貝の数々、ヤシの実、チョウや甲虫の昆虫標本、クジラのヒゲや骨を用いた作りもの…。鮎川で行ってきた聞書き調査では、磯や養殖の仕事と食文化のエピソードは女性たちの誇りに通じている一方、男性たちの語るエピソードは、若い頃の挑戦や苦難、達成感についての語りにあらわれている。鮎川では多くの場合、それは捕鯨船に乗った経験であり、とりわけ南極海まで航海をする南氷洋捕鯨船での武勇伝である。

　捕鯨船乗りには、美術の心得のある人も少なくない。彫刻家の高橋英吉は、捕鯨船に乗り組んで南氷洋捕鯨に従事した経験から、帰国後に海の男の英雄像ともいうべき〈海の三部作〉の《潮音》《黒潮閑日》《漁夫像》を彫り上げた。プロでないふつうの乗組員も、帰国後自身が乗っていた捕鯨船の模型を制作したり、南氷洋の大時化《おおしけ》を乗り越える様子を描いた油絵などを制作したりすることがあり、こうしたものも頻繁に目にする。なかでも外房捕鯨株式会社の応接室に寄贈された油絵は、額縁に捕鯨銛《もり》の錆止め用の銀色の塗料が塗ってあり、愛情たっぷりである。こうしたふつうの人々が制作するアート〝のようなもの〟を、独自の価値観にもとづいて美術教育を受けていない人々のアウトサイダーな実践ととらえると、石巻文化センターから文化財レスキューされた名作〈海の三部作〉の見え

高橋英吉《漁夫像》1941年　木（桂）高さ211.5cm　所蔵：石巻市

方も変わってくる。

グローバルな海洋資源保護と直結した捕鯨業の経験は、各家庭の居間に思い出の品として蓄積されていった。それらをくじらトレジャーと名づけてみた。これらの珍物は、家族・隣人の歴史と結びついており、地元の自慢として語られてきたからである。北米やヨーロッパでは一九世紀から二〇世紀前半に、世界じゅうの海で捕鯨を行ってきたが、船員たちの土産物として知られているのがスクリムショーである。それはマッコウクジラの歯や骨に、鉄釘で線画を描き、溝にインクを染み込ませたものである。鮎川の場合、船員の持ち帰った珍物がくじらトレジャーであり、人々にとっての「文化財」であった。

クジラの町の誇りと部位標本

クジラは海中で視覚よりも聴覚を使ってコミュニケーションを取ることが知られている。例えばザトウクジラの歌声と称される連続音は、クジラのコミュニケーション能力の高さを示すものとして紹介されることが多い。ハクジラ類は、高周波の断続音を発することによって、その音の反射で障害物や獲物の位置を知る。こうした「音」を受け取る器官が耳骨《じこつ》と呼ばれるものである。反射してきた音が、長い下あごを通じて耳骨に共鳴し、音の方角や距離を知ると言われている。耳骨は、餃子のような形状の鼓室胞《こしつほう》とそれが取りついている耳周骨《じしゅうこつ》からなり、ともに骨が緻密でズッシリと重い。そのため劣化しにくく、海岸に漂着することもある。こうしたものを、珍品として大切にしている家も多い。

捕鯨産業が莫大な富を生んだ戦後の商業捕鯨の時代から、商業捕鯨モラトリアム（一時停止）と調査捕鯨の時代を通じて、各戸の玄関先や客間、店舗や公共スペース等は、捕鯨の副産物である鯨歯や鯨ヒゲを使った置物で飾られてきた。鯨歯の根付やパイプ、判子などの実用的な鯨細工、鯨歯の彫刻や鯨ヒゲの飾り物などの無用の造形物や、鯨類の性器や耳骨等の標本は、捕鯨の町を象徴する「記念物」である。そして、クジラの珍物は、話者が珍物を媒介として調査者に語ることによって「物語」を構築させる土台ともなっている。

玄関や居間に飾るペンギンの剥製

そもそもこうした南氷洋捕鯨の武勇を語るものを見つけ出したのは大学生たちであった。鮎川でふつうのお宅にお邪魔して、昔の暮らしについての聞書きをしていると、玄関や居間に飾られているペンギンの剥製を見せられるのである。

鮎川の人々の写真を撮り続けてきた浜の棟梁Kさんのお宅にもマカロニペンギンの剥製があり、Kさんの義理の兄弟が、兄弟の人数分だけ持ち帰り、仙台の鳥の剥製の製作家に依頼して仕上げてもらったものだという。このペンギン一羽と、クジラのヒゲ板で制作した帆船模型はK家で大切にされてきた。また、調査の常宿、牡鹿半島・小渕浜の割烹民宿の玄関先にもコウテイペンギンとジェンツーペンギンの二羽が飾られており、マスコット的な存在となっている。地域ではそれなりの数の家に、ペンギンの剥製が飾られていたのは驚きであった。

　南極海の捕鯨船団の乗組員が、南極土産としてペンギンを持ってくるということは、今でこそ南極条約や日本の国内法で禁止されているが、おおらかな時代にはあたりまえのように行われていたらしい。ただ誰でもこうしたものを持ち帰って良いということでもなかった。捕鯨船団は、海軍のように上級クラスと一般船員のあいだに、明確な階級差があったが、ペンギンを持ち帰ることができるのは一定以上の指導的な役割の船員であったという。そしてそれは自分のための土産物ではなく、見込みのある後輩や親戚縁者の信頼ある男性への贈りものであった。ペンギンを受け取ることは名誉なことであり、贈った人は尊敬の念をもって語り継がれる。謂わばペンギンの贈与が、人々の関係性に意味を与え、その行為は贈る側の威信と結びついてきた。世代を超えて各戸に飾られ続ける、一見珍奇なものにも文化的な背景があることにわたしたちは気づかされた。

居間に飾られたペンギンの剥製と珊瑚の置物、クジラのヒゲ板工芸品など（宮城県石巻市）

それぞれの「文化財」

東日本大震災の後、わたしは文化財レスキュー活動で鮎川の人々と話すとき、一般の方から、「わが家の文化財」を失ったのが惜しいといったことをよく語られた。古文書や先祖伝来の刀といったものの話かと思い、「お宅にどんな文化財があったんですか？」と聞いてみると、それは冷凍庫に秘蔵していた南極の氷であったり、クジラの耳骨といった部位であったり、ひげクジラの顎骨で作ったひと振りの骨刀であったりする。

わたしは、鮎川での民俗調査を始めて間もない頃、以下のようなエピソードを聞かされて面食らったことがある。

「わが家にも、〝文化財〟があったのよ。それはクジラの博物館とわが家にしかないもので、クジラのチンポと女のイチモツ。男のは干物にしてあってひと尋《ひろ》くらいある。特製の台に飾られて、家の天井ぐらいまであったんだよ。女のはホルマリン漬けにしてあって、横に乳房があって面白い、あれは貴重なものだったなぁ。まさにわが家の〝珍宝〟だった。人が来るとね、時々〝ご開帳〟したもんだよ。あれを津波で流しちゃったのは惜しいね。」（四〇代女性）

このエピソードを臆面もなく語られると絶句してしまうのだが、驚くことにこの同じパターンの話

クジラの男性器と捕鯨船の油絵（宮城県石巻市）

をわたしだけでも三人の女性から聞いたのである。捕鯨の町について語るよりどころである鯨類の性器の標本を失い、わが家の「文化財」を失ったと言うのであるが、他所から来た人に対して、鮎川について語る〝ひとつ話〟として、こうしたものはいくつもあったであろう。そのいくつかが「わが家の珍宝」であり、「クジラの臭いは金の匂い」であり、「南氷洋の武勇」なのである。

また、ある日、わたしは牡鹿半島ビジターセンターで展示を行っていた際に、散歩で立ち寄るのが日課だという地元の八〇代のおじいさんに話しかけられて、作業の手をとめてしばらく彼の語る話に耳をかたむけた。彼はニコニコしながら自分の財布を取り出し、そのなかに入っている古い社員証のようなものを見せてくれた。

「これは南氷洋捕鯨でも鯨油の輸送船でも、この社員証を必ず持っていないと、寄港地で降りたりできない。だから肌身から離しちゃいけないんだ。それで今でも持ち歩いているわけさ。」（八〇代男性）

彼は今でも遠い海を旅しているのであろうか、会う人には自己紹介のように社員証を見せるのだろう。誰にでも、自分自身の存在を証明するものがあるはずである。鮎川では、一人ひとりのなかに、別々の捕鯨や漁業との関わりがあり、それはさまざまなものと深く結びついた語りとしてあらわれるのである。

鯨歯工芸と印鑑

鮎川には、こうしたクジラの部位を記念物として保存するといったことがある一方で、捕鯨の町ならではの鯨歯や鯨ヒゲを用いた鯨細工が製作されてきた。鯨歯工芸店を「パイプ屋さん」と呼ぶほど、昭和後期にはひとつの名物となっていた。現在でもC商店が、鯨歯の印鑑や根付や帯留めなどの装身具を販売。鮎川には、昭和後期から平成にかけて鯨歯工芸品店が四店舗あった。かつてはヒゲ板を加工した菓子皿や楊枝、靴ベラ、鯨歯の将棋の駒や麻雀牌、ステッキなどもあった。さらに、土産物屋では大阪の象牙職人に作らせた鯨細工や、オスのクジラの性器の皮をなめした鞄などの革製品も売られ、鮎川のおみやげの定番であった。

印材となるマッコウクジラの歯は、かつては捕鯨会社から購入できたが、現在では新たに確保することができない貴重なものである。さらに、基本的には一本の鯨歯から一本の印鑑しか作れない上、鯨歯の中身が詰まっていなかったり（ガラッパ）、「虫歯」のように使えない部分があって（材料の八割弱に「虫歯」がある）、印材に使えるものは限られる。調査捕鯨前の商業捕鯨の全盛期には、鯨歯工芸の製作のために、リュックを背負って解剖場に出向き、重さいくらで購入したという。

印鑑は、まず鯨歯の先端と歯茎に接する根っこの部分を鋸で落とし、サンダーで荒削り、さらに粗目の紙やすりで整えていく。全体が円筒形に近づいてきたら、切り口と呼ぶ文字を彫る部分を円形に整えていく。かたちを整えたら、一〇〇〇～一二〇〇番の耐水ペーパーで表面を平滑に仕上げていく。最後に、固形ワックスを用いてつや出しをし、完成である。鯨歯の印材は、歯が年輪のような層になっているため、使うたびに朱肉が染み込んで、全体がほんのり朱色になるだけでなく、文字通り年輪のような模様が浮かび上がる。使えば使うほど、良い状態に仕上がるのである。こうした点は、パイプにも言え、使えば使うほど、こちらはタバコのヤニが染みて、飴色になっていくのである。

鯨歯工芸は、新たな材料の確保ができないこと、印鑑を彫るなど特殊な技術や知識が必要なこと、大量に販売できるわけではないことなどから、後継者確保が難しい仕事となっている。鯨歯工芸職人のCさんはなかなか納得のいくものにはたどり着かないと微笑むが、そのものづくりは円熟期にある。鯨細工は、鮎川の捕鯨文化のもうひとつの側面、クジラの部位や副産物を用いた捕鯨関連産業の最後の名残である。

「メモリーオブジェクト」としてのくじらトレジャー

かつてバーバラ・カーシェンブラット＝ギンブレットは、「文化的に意味づけられる過去」をうつす鏡像としてのものの役割について論じ、ふつうの人が自身を意味づけたりライフイベントを象徴づけたりするために欠くことのできない数えきれないものを「メモリーオブジェクト」と呼んだ。この議論の重要な点は、単に人がものに思い出を重ねるといったことではなく、自身のライフレビュー（物語る行為）の構築におけるものの役割を論じている点にある。鮎川におけるクジラの珍物も、こうした「メモリーオブジェクト」としての性格を読み取れる。

地域住民が共通した意識で過去を振り返って顕彰したり記念したりする「集合的な記憶の造形」に

は、神社の扁額や、顕彰碑、供養塔、寺社へのさまざまな奉納物、何かを記念する石像物、建造物、文化財、祠、博物館などがある。

これに対し、「家族や個人の記憶の造形」には、写真やアルバム、手紙、形見、位牌、家訓、追悼、思い出の品などがある。地域の人々のクジラ観や、船長や捕鯨者のライフレビュー、近親者の捕鯨経験のエピソードといった「物語」なども、広い意味では「メモリーオブジェクト」としての側面をもっている。

「くじらトレジャー」は、両方の造形にみられる。例えば、「集合的な記憶の造形」には、鮎川・熊野神社に奉納され鳥居の横に立てられている捕鯨銛の列柱や、同社に捕鯨会社から奉納された羽衣伝説のモチーフの扁額絵馬、鮎川の観音寺境内には捕鯨供養碑や沈没した捕鯨船乗組員の追悼碑なども ある。

クジラミュージアムの伝統

「集合的な記憶の造形」の重要なものとして博物館がある。鮎川には戦前から現在にいたるクジラミュージアムの伝統がある。一九二八(昭和三)年、のちの鯨館の前身となる展示が作られた。仙台市の広瀬河畔と西公園周辺で開催された、東北産業博覧会のパビリオン「鯨館」である。捕鯨船を模したかたちの「鯨館」は、当時最新の産業としての捕鯨を紹介しており、博覧会会場でも注目の的であった。この博覧会を契機に作られた展示は、一九三〇(昭和五)年に鮎川の高台に造られた鯨館のなかにおさめられた。入口には大型クジラの骨を用いた門が設置され、捕鯨会社から多くの標本等を提供されて展示された鯨館は、絵はがきになるほど鮎川の名所のひとつとなった。

戦後、鯨館は資料館へと拡大された。一九五四(昭和二九)年に開館した鮎川町立鯨資料館である。この博物館は、捕鯨会社や地域の人々が展示資料を持ち寄った手作りのミュージアムであった。浜の棟梁Kさんは、資料館長から一二種類のクジラの縮小模型を作ることを依頼され、秋田まで良質の杉の丸太を仕入れに出かけた。図鑑を見ながら製作を始めたがどうもピンとこない。そこでKさんは捕鯨船乗りにクジラの泳いでいるすがたを教えてもらいながら、模型を仕上げた。現在も一部が鮎川の図書室などに残っているこの模型は、鯨類の研究者が作るのとは異なる、捕鯨基地ならではのクジラのすがたを彫り出している。

一九五五(昭和三〇)年、旧牡鹿町が成立すると資料館はそのまま牡鹿町立となり、その後一九七七(昭和五二)年に鮎川港に移転して牡鹿町立鯨博物館が開館、同年漁協直売センターがオープンし、観光拠点となっていった。一九九〇(平成二)年、調査捕鯨の前線基地として、日本の捕鯨研究の拠点ともなるおしかホエールランドが開館。

初代クジラミュージアム「鯨館」の鯨骨ゲート(絵はがき)

鮎川を訪れる人々が必ずと言っていいほど訪れる施設となっていたが、東日本大震災によって被災した。

震災一〇年で甦った新たなクジラミュージアム

東日本大震災で被災したおしかホエールランドは、もともと同館があった場所を嵩上げした土地に再建された。観光物産交流施設と復興国立公園のビジターセンターに併設されたのである。新たなおしかホエールランドの展示の人文展示をわたしは監修した。

クジラミュージアムの展示は難しい。ふつうに生業としての捕鯨を表現しようとすると、鯨を捕獲するための武器と、解体するための刃物、クジラの部位標本のホルマリン漬けや骨格標本ばかりとなり、とてもコワい展示となってしまう。また高度に政治化した資源管理をめぐる「捕鯨問題」とも向き合うことが不可欠で、特定の立場に立っての表現になることが避けられない。

こうしたことと正面から対峙しつつ、常設展でわたしが意識したことは二つある。ひとつは、クジラミュージアムの歴史をふまえて、新しいおしかホエールランドでは、東日本大震災の困難を経験し、さらに商業捕鯨が再開されたこの鮎川において、新たなクジラの語り方を模索することである。旧おしかホエールランドは、商業捕鯨モラトリアムのさなかに開館したこともあり、日本の捕鯨業の正当性や、商業捕鯨再開の裏づけとなる日本による鯨類の調査研究成果の公表が、重要な役割であった。その前の鮎川町立鯨資料館と牡鹿町立鯨博物館は、当時の名物館長のコンセプトもあり、地域文化、そして企業文化としての捕鯨を前面に押し出し、日本国内における鮎川の優位性を意識したものであった。さらに遡って博覧会のパビリオンから制作した戦前の鯨館の展示は、肥料や鯨油などを製造する「産業としての捕鯨」の可能性を普及する内容だった。クジラミュージアムの展示は、その時代を反映して変わってきたのである。それでは現代の鮎川におけるクジラの語り方はどういうものか。ミュージアムは対話の場であるはずなので、そのための材料を提示することをわたしは強く意識した。もうひとつ、わたしが意識したのが、鮎川におけるクジラが人々の人生や思い出、誇りと結びついてきたということであった。それを象徴するのが、寺社に奉納された絵馬や石碑などの「集合的な記憶の造形」と、各戸の玄関先や居間のケースで現在も大切にされているクジラの部位標本やペンギンの剥製、エキゾチックな土産物、自作の捕鯨船模型や絵画といった「家族や個人の記憶の造形」である。こうしたものを通じて、地域の人々が大切にしてきたものは何か。

人々が、生活の積み重ねのなかで作り出していく地域文化は、災害や地域経済の変化など大きなインパクトを受けることで「再認識」「再発見」されるものである。文化とはあたりまえのようにあるものであると同時に、何かのきっかけに見出されるものでもある。その現場に立ち会うフィールドワークは、文化をめぐって何が起こっているのかを注視することが重要である。そして調査そのものが、地域住民にとって地域文化「再発見」のきっかけともなり、そのこと自体が功・罪の両面をもっている。わたしの被災地での「復興キュレーション」は、そうした現場で地域住民とともに何を描き出せるかの挑戦でもあった。そうしてでき上がる展示や民俗誌はゴールではなく、常に中間報告であり続けるのである。

研究のことば【ヴァナキュラーアート】

ヴァナキュラーアートとは、正規の美術教育を受けていないふつうの人々が、生活を営むことや人生の記憶と寄り添いながら自分自身のために制作するような造形的な行為である。みずからを美術家やアーティストと認識しない人々による、日々の暮らしの営みやそのプロセスによって、結果的に生み出されるような造形や表現は、独学芸術（Self-taught Art）、アールブリュット（Art Brut）、アウトサイダーアート（Outsider Art）としてとらえられてきたが、近年の民俗学ではより生活の実践を広くとらえ、日常から生まれる造形物をヴァナキュラーアートの広い視野に包括し始めている。しかしそれらは、精神的な障がいや発達障害、性的マイノリティを含む社会的弱者や抑圧された人々に、理性を超えた剥き出しの「生」を見出し、そこに芸術性を見出そうとするところから、それ自体が既存のアートワールドの価値への批判という側面があった。

民俗学におけるヴァナキュラーアートの研究では、それを創り出す人々の非専門性や、行為の日常性に着目する。民具や民藝、フォークアートといったことばにまとわりつく「昔ながらの」「伝統的な」というイメージから離脱し、わたしたちが今日もここで生きているという日常生活の現実をも含み得る、現在進行形の暮らしの造形や表現を射程にとらえることができるという、それ自体が民俗学史への批判ではある。ヴァナキュラーアートは、こうした議論を乗り越えた上で、ありきたりな日常と結びついた制作の実践そのものを研究対象としていくことが求められる。菅豊《すがゆたか》はヴァナキュラーアートを「野の芸術」と表現することで、現代における民俗学の重要な視角であることを主張している。

ヴァナキュラーアートは、特異な表現への表面的な着目から、社会のどこにでもいる「わたくし」を含むふつうの人々が行う日常生活の実践と造形表現の研究へと向かいつつあるのである。

ヴァナキュラーを見出すトレーニング（7）

あなた自身や家族・隣人が、人生のなかでの誇りを抱いたり記憶を大切にするために、大切にしていたり、捨てないでいたりするような記念物にはどんなものがありますか？

必要は発明の母―職人技術の基礎と応用

杜の都：仙台名物を支える道具

東北の地方都市、仙台の名物と言えば牛タン。有名店がしのぎを削る仙台駅周辺では、その匂いに誘われて、多くの観光客が今日も列をなしている。厚切りでやわらかくそして肉汁をしっかりとなかに押し込める秘訣は、調理人の焼き方のみならずその道具にもある。業界では渡網《わたりあみ》と呼ばれる牛タン焼き用の金網である。

実はこの渡網は、仙台市内で手作りされていた。それを長年製作してきたのは、蒸籠《せいろ》や篩《ふるい》といった、いわゆる曲物《まげもの》の台所用具を作ってきたOさん（一九三九年生まれ）である。牛タン焼き用の金網は曲物職人が作ってきたのである。

仙台の曲輪《まげわ》は、庶民が使用する実用的な道具であった。仙台城下には、高級な漆塗り曲物を製作したとされる御曲物師と、庶民向けの日用品を作った曲輪職人がいたとされ、後者の多くは下級武士の内職であった。曲輪職人は、もともと武家屋敷に近く、明治以降は中小の商工業者の多かった柳町から北目町あたりに集住していたという。

わたしは、二〇〇九年に仙台の伝統的なものづくりに関する文化財調査の一環でOさんと出会い、その仕事っぷりに惚れ込み、一年間にわたって仕事場に顔を出すようになった。Oさんの顧客が求めているのは伝統的な台所用具や民芸品などではなく、ハードワークに耐え続ける堅牢・頑丈なプロ用の道具であった。少量の頑丈な道具を作るために、伝統的な技術がフルに発揮されるその仕事は、何時間でも見ていられるものであった。

Oさんは、もともと同じ金網職人で北目町に店を構えていたYさんに雇われて仕事をしてきた職人であった。一九六〇年代、それまで竹細工で製作されてきた笊《ざる》や籠《かご》などの台所用具にかわって、丈夫で手入れが楽である金網製品が好まれるようになった。Y金物店は、手広く台所用具を商う戦略でライバル店に差をつけるため、駆け出しの職人であったOさんを雇い入れたのである。金網細工の繁忙期には、曲物よりも金網を手伝うことが多く、いつの間にか技術も身につけてしまったというOさん。仙台名物としての牛タンが定着し、チェーン店もできてくると、もともと曲輪の職人だったOさんはもっぱら牛タン焼き金網を作るようになっていった。

カスタムメイドという戦略

金網職人が、竹細工の職人と競争するために、曲物職人を雇って事業を拡大する。伝統的な仕事にみえる竹細工の側からすれば、新たな金網の台所用具の登場に圧迫され、技術継承が危機に瀕した……となる。しかしその実、新たに登場した金網の台所道具を作っていたのは、仙台城下の武士の内職から始まったとされる曲物職人であった。一方の竹細工職人は、戦後復興を願って仙台のアーケード街で始まった仙台七夕が軌道に乗り、当初からは信じられない数の吹き流しが作られる大イベントになると、その飾りものの竹製の枠製作という大きな需要を得て、もっぱらそれを作るようになった。ものづくりはいつの時代も需要あっての仕事であるが、日本が高度経済成長を始めた一九六〇年代、需要は従来の仕事の延長線上にないところから掘り起こすものであり、それを作り出すことができた職人が生き残るような時代であった。しかし、一九七〇年代に入ると、安価な外国製品の流通による価格破壊と、プラスチックなどの代替素材による工業製品に押され、竹細工にとってかわった金網の台所用具も、苦境に立たされることになった。

こうしたなか、金網職人たちは、方向転換をはかった。安価な家庭用品を大量に売る発想から、さまざまな職業のプロフェッショナルが使う道具へ、すなわち個別の仕事場の、個別の事情に応じた、個別の製品を作る、戦略的なカスタムメイドへの転換である。プロの用品は、おのずと少量注文となる。大規模量産の工業製品は、こうした分野で太刀打ちできない。

曲輪の製作（宮城県仙台市）

カスタムメイドの業務用・プロ用の金網製品

「食の都・仙台」と言われる。東北随一の繁華街を有し、東北六県からはもちろん東京からも多くの人々が集まる仙台は、名古屋、金沢、福岡、札幌などと肩をならべる食の街でもある。

仙台の曲輪・金網製品の代表的なものには、牛タン焼き店の強烈な炭火でも焼き切れない金網、中華料理店で使用する中華蒸籠、金網笊、野菜洗い用の金網籠、一升の米を研げる米揚げ笊、洋菓子店で使用する粉篩《ふるい》、和菓子店で使用する裏ごし器、そば店で使用するそば粉篩など、飲食店がひしめく地方都市ならではの需要に支えられてきた。しかし、大阪の千日前道具屋筋や、東京のかっぱ橋道

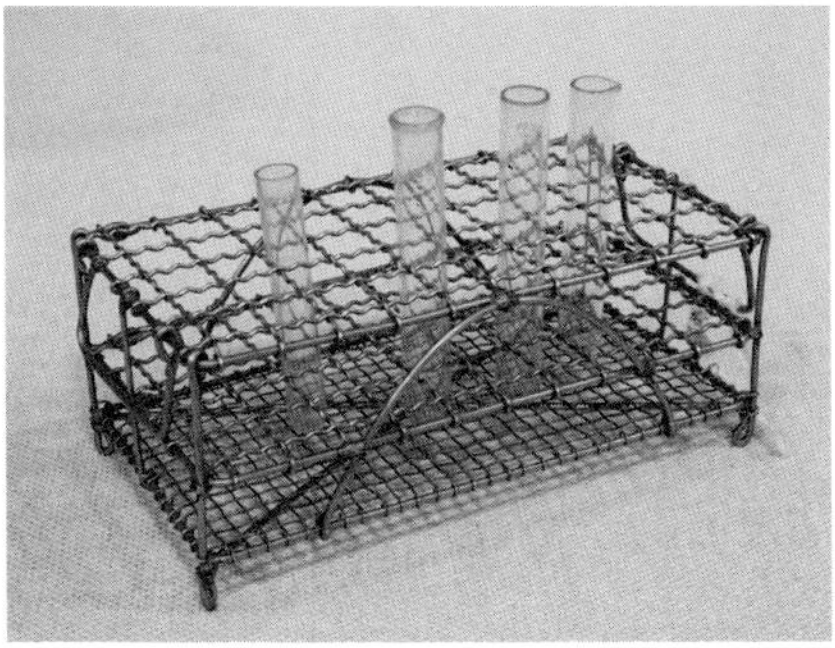

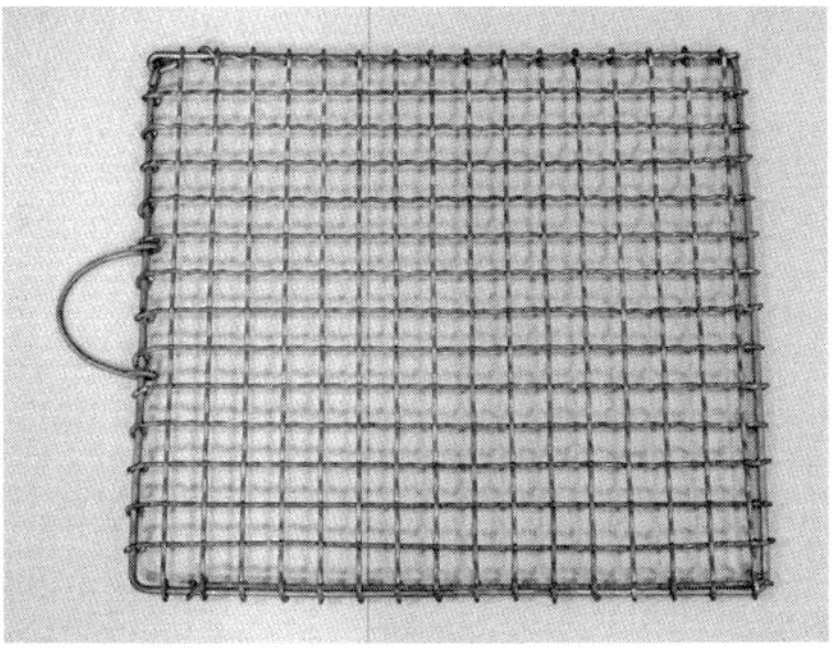

試験管立てと牛タン焼き網（宮城県仙台市）

具街のようなプロ用の業務用品の揃うストリートが仙台にはない。現在ではインターネットの専門サイトで、こうしたものは新品でも中古でもすぐに揃えられるが、一九七〇〜八〇年代にはこういう道具を作ってくれと金物職人に頼む方が早かったのである。

「学都・仙台」と言われる。明治期から旧帝大のひとつ、現在の東北大学をはじめ、キリスト教主義の学校や子女教育の理想を掲げた私立学校が多数設立されたことから、そういう呼称が定着している。大学は教育機関であると同時に研究機関であるから、専門的な研究や実験、観測などが行われてきた。金物職人が作った製品のなかには、非常に特殊な道具がある。例えば、医学研究用の試験管立てや、切除した部位を入れる手術用臓器カゴ、医療器具の洗浄カゴなどである。これらは、東北大学医学部の教授と相談して金網職人が製作したものだと言い、同じ研究室や医局の出身者もまたこれを注文するといったかたちで、注文は「増えないがなくならない」状態であったという。

例えば試験管立ては、従来品はよく小学校の理科室などでみる、天板が木製のものであった。現在でもそれが一般的であるが、これでは作業机に置いた試験管立てを、立った姿勢で見下ろすと内容物が見えない。すべてが金網で作ってあれば、それを見通すことができるだけでなく洗ってもすぐに乾くし、落としても割れることはない。金網製の試験管立ては好評を博し、学会で来日した外国の医師からまとまった注文を得たこともあったという。

街宣車から野外ロック・フェスティバルまで

一九九〇年代のOさんは、通常の仕事は牛タンの金網製作で、これは作っただけ売れるというものであったから、仕事に余裕が出てきた。そのため、頼まれればどんな仕事でも請けてしまう生来の性格も相まって、びっくりするような注文も受けるようになった。その最たるものがスピーカーの金網である。

例えば、選挙活動で使用する車のスピーカーに、鳥が入ってしまうのでこれを防ぐ網を特注で作ってほしいという注文。最近の例では、アメリカの企業から人の背丈ほどもある大型スピーカー用防護網の注文もあった。一九九〇年代以降、各地で大規模な野外ロック・フェスティバルが増えている。あまりの音量にカラスが目を回し、スピーカーに突っ込んでくるのを防ぐ金網は、どこにも売っていない。

また、花屋で使う大小の花卉《かき》用の金網製の籠も頼まれて作ったという。これはそうそう壊れるものではないから、店の開店の折にまとめて注文がくるようなものであった。現在では少なくなったが、どこの商店街にも必ず町の花屋があったものである。また国分町などの歓楽街では、お気に入りのホステスさんや、馴染みの店のママさんへの贈りものとして、また華やかな店のしつらえとして、とにかく毎晩とんでもない数の花束や鉢が売れる。こうした花屋では花や植物の種類ごとに分類して入れる花籠が大量に必要である。Oさんは、花を傷めずに入れることができ、かつ洗って重ねておきやすい形状を考案したという。軽くて丈夫であつかいやすい金網職人の花籠を、現在も使う店は多い。

多くても数個の注文にも応じてくれる職人はザラにはいない。どこも受けてくれそうにない注文は、どんどんOさんのところに入るようになった。太い番線と細い針金を、いくつもの組み方で編み上げる基礎的な技術を応用すれば、どんなかたちのものも適切な強度で製作できる。その哲学から生まれる応用が、需要そのものを作り出していったのである。

規格化された道具を使いこなす

Oさんの職人道具のすべてを調査させてもらって驚いたことがある。作業室で使用する道具は、わずか二点を除いてすべてホームセンターで購入した工具だったのである。しかもそのほとんどが、一回か二回試して放ってあるものだという。Oさんは、無類のホームセンター・マニアであった。規格化された商品のいいところは、ひとつの工具でも実に多くのかたちや材質の商品がならんでおり、職人はそのなかから自由に選択できるところだという。また、針金や金網などの素材も、同じ太さ、あるいは同じ大きさの網目、同じ材料であっても、メーカーによってわずかな違いがあり、これについても選択肢が多い。Oさんは、あっけらかんと述べる。「作りたいものに近づけるためには、いろいろ選べることが大事だし、あれでもないこれでもないと選ぶのは楽しいものだ。」

腕の良さから堅牢な製品を作ることができるOさんのもとには、現在も注文が絶えない。最も大切にしていることは、製品の頑丈さだという。壊れないものを作る人には次の注文が入る。丈夫であることの追求のためには、「伝統的」な素材へのこだわりもなく、例えば曲輪を綴じる桜皮は、より丈夫で水を含まないＰＰバンドに、より締めつける力を求めればステンレスの針金に、躊躇なく変える。
二〇〇〇年代には全国流通ネットワークや通信販売の体制が確立し、規格化された業務用商品を安価に手軽に得られるようになった。しかしその頃、最後の職人であったＯさんが東日本大震災の後に亡くなり、曲輪職人が作る金網製品は人知れず仙台から消えてしまった。思えばＯさんの仕事は、対面的なコミュニケーションで、使い手の創意工夫をかたちにしつつ、その仕事の質を使い手も意識しないところで向上させていくような道具づくりであった。

謎の紀州鍛冶

わたしが仙台の金網職人Ｏさんの仕事に魅かれたのは、その土地、その業界で使われている独特な道具を、使い手の要望に合わせて器用に作るその姿勢にあった。頼まれたことは何でもやってみるのが基本である。自分が何を作りたいかよりも、あるいはその技術で作られるもののイメージにしばられず、ニーズの振れ幅だけ自分の仕事の可能性が広がるというポジティブな仕事への向き方も大好きだった。

この調査には、わたしのなかで前段階があった。それは二〇〇二年頃に取り組んだ、〝紀州鍛冶〟の実像を追う調査である。翌年の「移動する職人」と題した当時の勤務先の特別展のため、わたしは紀伊半島の農業、漁業、林業に必要なさまざまな道具や日常生活用具を作ってきた人々の調査を進めていた。職人の仕事には、仕事場を拠点に生産活動をするものと、移動をともなって生産活動に従事するものとがある。〝職人の移動〟と言っても、職種によってその範囲や理由はさまざまで、ある決まった出稼ぎ先で一定期間とどまって仕事をする職種（出稼ぎ）、原材料を求めて山中を点々と移動する職種（移動生活）、特殊な技術を生かして各地の職人町で仕事をする職種（渡り）、需要を求めて村々をまわる職種（巡回）など、一様ではない。

〝紀州鍛冶〟の存在は、和歌山県内ではほとんど知られていない。わたしは学生時代に、京都の乙訓《おとくに》地域や大阪の淀川沿岸地域、滋賀県の湖東平野で、たまたま出会う鍛冶屋に取材すると、多くの鍛冶屋が「うちの爺さんが紀州の出身で…」とか、「紀州に親戚が多い」などと語ってくれることを不思議に思っていた。〝紀州鍛冶〟であることはブランドというか、誇りであるようだった。地域の人々も「あの鍛冶屋は紀州鍛冶だから」と仕事を頼むといった話もよく耳にした。関西地域で諸職の民俗調査をしている研究者や学芸員は、たいてい「なぜ鍛冶屋は紀州出身と言うのだろう、紀州に鍛冶業の生産地はないのに」と、何となく疑問をもっているのである。関西一円で耳にする〝紀州鍛冶〟ということばは、和歌山県ではほとんど知られていない。これは面白い！

旅する鍛冶屋

鍛冶屋は、鉄や鋼を鍛造《たんぞう》する職人である。金属加工には、熱して叩いて製品を打ち出す鍛冶屋と、金属を溶かして鋳型に流し込む鋳物師《いもじ》がある。庶民生活の道具からみれば、鍬や鋤などを作るのが鍛冶屋で、鍋・釜を作るのが鋳物師である。鍛冶屋には、美術品とも言える刀剣を打つ刀鍛冶や、大八車の車輪など鋼を加工する車鍛冶のような特殊技能を持った職人もいるが、ふつうの農村にいて人々の要望に応じた日用品や農具などを作る職人は野鍛冶《のかじ》と呼ばれて親しまれてきた。その野鍛冶の多くが、関西では紀州から旅をしてきたと語るのである。江戸後期〜末期にかけて、鍛冶屋が長距離を旅して移動することは、大野鍛冶（愛知県）や鞆《とも》鍛冶（広島県）にみられるが、紀州の鍛冶屋の例も含めて全国的には稀な例と言える。

鍛冶屋は、一般に「鍛冶三里」と言われるように、約三里四方＝およそ一二キロ四方を縄張りとして、村々を巡回して道具の製作・修理を行う。しかし旅する鍛冶屋、〝紀州鍛冶〟は一〇〇〜二〇〇キロも離れた畿内各地に出稼ぎし、移動先に定着していった。定着して二代も継承すれば、紀州との関係は途切れて、〝紀州鍛冶〟はもはや家の出自や由緒を語るものとなっていったのであるが。その〝紀州鍛冶〟の実像は、紀州藩田辺領の許しを得て紀北地域や河内地域等に出稼ぎ先を展開させていった、農家の次三男であった。刃物の生産地もなく、鉄が多量に採掘されるわけでもない地域で、なぜ農家の副業として鍛冶仕事が選ばれ、村の多くの男性が出稼ぎするにいたったのか、その経緯はよくわからない。

歴史好きにはたまらない群雄割拠の戦国時代、紀州の各地に特徴的な鍛冶技術が存在した。紀伊半島南部の鉱物資源豊富な熊野地方には、入鹿鍛冶と呼ばれる刀鍛冶が活動していた。司馬遼太郎の歴史小説、『尻啖え《しりくらえ》孫市』で有名な安土桃山期に活躍した雑賀衆《さいかしゅう》は、「雑賀鉢」と呼ばれる特徴ある兜《かぶと》を製作した鍛冶屋を抱えていた。また真言密教の一大聖地で、強力な僧兵を擁した根来寺《ねごろじ》には、根来衆の最大の武器である鉄砲を製造する鍛冶屋が活動していた。一時期、七〇万石とも言われる領土を抱え、宗教都市として栄華を極めた根来寺は、豊臣秀吉による紀州攻めで炎上し、多くの職人たちも離散した。江戸時代には、和歌山城や田辺城、新宮城の城下町にいろいろな職人が集められ、農村部にも一定の範囲ごとに野鍛冶が活動していった。江戸時代の後期、農業技術や道具が飛躍的に進歩すると、農具の種類も豊富になり、教養ある地主層からの需要も増大し、野鍛冶は農村にとって不可欠な存在となった。

なかでも紀州藩田辺領では、地域の一定の距離ごとに鍛冶屋の数を定めて配置した。文字通り「鍛冶三里」である。「良い仕事は道具から」とよく言うが、良い農具の供給体制を作るために野鍛冶を統制することは、重要な農業政策のひとつだったのである。紀州藩田辺領では、武士が使う刀のほか藩で使う道具を製作・修理する「本役鍛冶」と、農家の使用する道具を製作・修理する「平鍛冶」に分けられた。その「平鍛冶」がいわゆる野鍛冶であり、藩に許可を得て保護を受けて税を払いながら仕事をしたのである。

江戸時代後期の後半になると、田辺領の鍛冶屋が紀ノ川流域、摂津・河内・和泉の大阪平野、奈良の吉野地域へと移動して仕事をしていることがわかる史料が出てくる。古文書を読むと、「耕地が狭く農業だけでは生活できないので、近隣地域で鍛冶屋を営みたいが、近年鍛冶屋の数が増えたので他の地域へ出稼ぎさせてほしい」と理由を記しており、おそらく農家の次男・三男を出稼ぎに出す意図があったと考えられる。紀州の地誌、『紀伊続風土記』（一八三九年）には「日高郡中の民農隙に諸國に出て鍛冶職となる者あり南部荘中殊に多し」とあり、鍛冶屋が他地域で仕事することがかなり一般化していたようである。一九世紀半ばには、田辺領芳養組・南部東組・南部西組・切目組から約一〇〇〇人の鍛冶屋が領外へ移動し、相当数の鍛冶屋が帰郷せず税金も納めていなくてけしからんといった史料が出てくる。江戸末期には、鍛冶屋の出稼ぎが増えすぎて統制しきれない状況になっていたのである。

〝紀州鍛冶〟の器用な順応

明治時代になると、藩による移住の制限が解除され、出稼ぎしていた鍛冶屋が出稼ぎ先に定住するようになった。出稼ぎ先に定住した鍛冶屋は「居付き鍛冶」と呼ばれ、特定の鍛冶屋の下働き職人として出稼ぎに行き、生活の拠点が和歌山県にある鍛冶屋は「上下鍛冶」と呼ばれた。「居付き鍛冶」は出稼ぎ先で一人前に開業した人で、「上下鍛冶」はいわゆる〝向こう鎚を打つ〟下働きの職人だった。『埴田区誌』(一九六二年)には当時の鍛冶屋の移動について以下の記述がある。「昔から鍛冶屋が働きに出ることを上り、帰国を下りというてこれを上下と称した。交通機関の不備な時代は陸路皆徒歩で、和服にバッチ、スネキリ、キャハン、コウカケ、草履履きで、半期間の着物を大風呂敷に包み、各自背負い、出発の日は原谷(日高町)か鹿ヶ瀬泊り、翌日は今の海南市又は藤白泊り、翌々日は泉州路で一泊、其の翌日は大阪八軒屋の京屋か島清泊り、江州、山城辺行きは淀川通いの船に乗り、外それぞれ出稼ぎ先へ向かったのである」。南部町埴田では、明治中期から汽船便をチャーターした記録が残っており、出稼ぎ先との往来は楽になったようである。

ところが大正期になって、出稼ぎ職人たちがチャーターした船が沈没する事件が起こり、次第に地元の紀州には戻らなくなっていった。鍛冶屋たちは出稼ぎ先に定着して、ふつうの野鍛冶となり、出身地の紀州に思いを馳せながら〝紀州鍛冶〟を名乗るようになったのである。

こうした移動する鍛冶屋は、移動先の生業に柔軟に対応していったようである。奈良県吉野地域では、吉野林業の集散地であるため林業に使用する斧《おの》・鉈《なた》・山刀《やまがたな》・鎹《くさび》を、滋賀県湖東平野では、近畿地方有数の稲作地帯であるため農具の製作・修理を、淀川両岸地域では、この地域の特産品であるタケノコ生産に使用するホリ（タケノコ掘り具）・竹切り鉈・竹切り鎌等の特殊な道具を生産した。紀州の移動する鍛冶屋は、日常生活や庶民の仕事に必要な道具は何でも作る〝野鍛冶〟であったことから、出稼ぎ先のニーズに応じた製品を製作することができた。

しかし昭和三〇年代後半から農業の機械化が進み、手作りの農具を修理しながら使う農家は少なくなった。鍛冶屋は鉄工所に転身したり水道工事を請負ったりするようになり、現在ではほとんど野鍛冶の仕事をみることはできなくなった。

紀州鍛冶の奉納物（西岩代八幡神社／和歌山県日高郡）

職人の心意気

〝紀州鍛冶〟がなぜ関西地方一円にその勢力を拡大することができたか。それは端的に言って、自分が作りたいものよりも、請われて作るものに真摯に取り組んだ結果である。顧客の要望にできるだけ応じて作った道具が、その仕事の質を上げていく。さらに高度な要望が出てくるようになり、それに技術の応用でこたえる。結果として、例えば他に類を見ない形状の、独特な細長い鍬である京都府の乙訓地方のタケノコ掘り具「ホリ」が生み出された。

現代の金網職人のOさんも、その師匠のYさんも、自分が作りたいものよりも、ある仕事で用いられる「こんな道具があったらいい」というアイデアを、みずからの技術の応用で形にし、それがその仕事の質を高めていく。そしてさらに高度な要望を受け、製品を向上させていく。それは「必要は発明の母」ということわざそのままに、職人の器用さと技術の応用によって、結果として新しい道具が生み出されることがある。見た目よりも使いやすさと堅牢さを優先させ、職人と使い手のやりとりの結果生み出された道具は、機能美と言ってしまえば陳腐だが、そっけないが仕事の現場感あふれた独特な魅力をもっている。

ヴァナキュラーな造形文化は、こうしたその土地独特な民具、ある職種に独特な道具としてあらわれる。従来の民具研究は、その土地に典型的な道具が文化的に生み出され、定着していったという「伝承性」に着目してきた。一方、ヴァナキュラーはむしろある地域に、そしてある職業に、独特なニーズがあり、結果的に独自な発展を遂げてしまったようなものに着目するところが興味深い。今風に言えば「ガラパゴス化」である。その特異な造形の発展の背後には、必ず毎日の仕事や繰り返し行われるルーティーンがある。動き続ける常こそが、ヴァナキュラーな造形文化を生み出す揺り籠であり、過去の民俗文化にも、現代の職業にもヴァナキュラーは見出し得る。そこに現代の民俗学の面白さがあるのである。

研究のことば【カスタマイズ】

民具や道具は、自作するものもあれば、職人など専門の職業人によって製作されるものや工業製品もある。それらを生活のなかで使用する際には、使い手の意図、身体的な特徴や癖、嗜好、使われる環境等によって、作り手の意図しない応用がはかられるものである。この個別化（カスタマイズ）は、地域や小さなコミュニティにおいて文化が独特な発展を遂げる原動力でもある。生産方法や素材の改良によって「複製生産技術」が発展するなかで、人々は在来の生活様式や宗教・思想を離れて、新たな芸術的な実践に向かっていくというのは、ヴァルター・ベンヤミンのメディア論である。ミクロな生活の実践においては、複製品へのフェティッシュな依存は個々人の嗜好によって説明されるものであるが、それを文化において説明していこう、ヴァナキュラーとして多様性を受け入れていこうというのが、民俗学の立場である。

物質文化研究において、人・もの・情報の「流通」のなかでどんどん文化が変化していく、都合良く解釈されて別のものになっていくということをわたしは興味深く思っている。文化は常に変化しているのであるから、道具や物質文化も常に新しいものが生まれていく。一過性こそが文化の本質であり、完成することがない。

人々が生活の実践のなかでは大して意識しないような、些末な身体動作、道具の使用、道具や商品の選択といったことは、実はインタビューされても語り得ない事柄である。人間は生活のすべてをみずから説明することはできない。生活のなかからさまざまな興味深い痕跡を見出すのはフィールドワーカーの仕事である。痕跡としてのものを生活世界からフィールドワークによって抽出し、それを比較研究することができれば、人々がみずから説明し得ないことを、調査者は説明し得る可能性がある。そして、ものの文脈が提起するものは、思い込みやあたりまえと思っていること（言説）を相対化させてくれるはずである。

ヴァナキュラーを見出すトレーニング（8）

人から頼まれてやってみたり、たまたま取り組んでみたことが、予想以上に面白いと感じたり、自分のことを表現できる仕事になったような経験はありますか？

非日常に生きる――祝祭空間のなかの日常

縁日市のワクワク感

二〇一九年の暮れ、大学院生のとき以来、二〇年以上ぶりに世田谷のボロ市に出かけてみた。東京では酉の市と同じぐらい盛り上がる縁日市である。二〇年前は、もう少しガチャガチャした縁日市と骨董市を合わせたような感じの印象であった。そのときに聞いた話では、それ以前の二〇年ほどは、テキヤが露店商を独自のルールで仕切っており、限りなくブラックな商売に通じている出店者も多く、地元住民や警察と折り合いがつかない時代が続いたのだという。近年のボロ市は、地元主体のクリーンな運営により、露店と手作りのクラフト市と、チャリティや被災地支援などの要素も加わり、現代的なイベントとして生まれ変わってきている印象をもった。出店者もいろいろな国籍の人がいて、また本格的な職人仕事から、おかんアートに近いユルい手作り品までズラっと七〇〇店舗あまり、とにかくワクワクして楽しいのが縁日市である。

わたしは何がほしいというわけでもなくぶらぶらと見て歩いていると、宝飾品〝のようなもの〟をゴチャっとならべた女性が、パイプ椅子にはみ出そうな感じでデンと座っている。わたしは見つけた！　鯨歯製のパイプ、昭和中期には捕鯨基地のある港で土産物として売られていたマッコウクジラの歯を使った工芸品である。タバコの脂で飴色になっていて使い込んだことがわかる。鯨歯工芸は色が染み込んで変化するのを楽しむのである。

わたしは、知らないふりをして「おばちゃん、これどういう物？」と聞く。おばちゃんは座ったまま「何かのアクセサリー、水牛か何かの角だからいい物だよ、一〇〇〇円にしてあげるよ」と言う。ここでほしそうにしてもいけない。「こっちは何？」とわたしはニュージーランドかどこかの南太平洋の土産物の、やはり鯨歯の釣り針型ペンダントを見つけて尋ねる。「ペンダント。そこに入ってるのは一〇〇〇円なんだよ、さっきのと合わせて一五〇〇円でいいよ」。もう一押し！「じゃ、最初のやつはいらないから五〇〇円にしてよ」「…もう、今日は最終日だし、両方で一〇〇〇円で。良かったらこっちのケースも見てってね」。結局、得をしたのか損をしたのかもよくわからないが、縁日市は実に楽しい！　他にも要りもしない物をいろいろ買って、家に帰って「戦利品」を眺めて苦笑いするのである。

この縁日市の雰囲気は懐かしい。と言うのもわたしの父は絵描きであったが、骨董市の「元締め」もしていたから、正月を家ですごしたことがほとんどない。小学生になると、わたしは曹洞宗の古刹である可睡斎（静岡県袋井市）や秋葉神社下社（静岡県浜松市）などの骨董市で、出店者からショバ代を回収する役をしていた。父が死んだ年は、跡目争いが起こるからと、わたしがかたちだけの元締め役を務めて（大学二回生で！）、話がまとまってから後継者に引き継いだというようなこともあった。そんなことで、元締めと香具師《やし》、骨董商や露店商の関係性についてはとても馴染み深いものだったので、わたしは大学院で縁日市を研究テーマとして、全国の市を旅して回った。

祝祭性の魔力

縁日市の研究を始めるにあたり、わたしが一番興味をもっていたのが「縁日市はなぜワクワクするのか」という素朴な問いであった。民俗学の事典類は、それをハレとケという日常／非日常の転換から説明するものが多かった。非日常性の祝祭性が賑わいを生み出すと言うのである。

しかし一方で、大学生の時に読んだミハイル・バフチン『フランソワ・ラブレーの作品と中世ルネッサンスの民衆文化』で描かれる中世ヨーロッパの民衆文化においては、祝祭性とはもっと複雑な様相をもっていた。そのため、民俗学の事典のそっけない説明はスッと飲み込めなかったのである。

バフチンは、フランス・ルネサンス期を生きたフランソワ・ラブレーの『ガルガンチュアとパンタグリュエル』（一六世紀前半）という作品から、中世ヨーロッパのカーニバルにおける道化や、暴力、遊技、セックス、権威のひっくり返しが詰め込まれた滑稽な見世物の世界を分析した。そしてそれが、「笑いの原理によって組織された民衆の祝祭の生活」であると説明している。近代以降の価値観をもつわたしたちにとって、祝祭は日常と切り離されており、切り離されているがゆえに日常の安穏を確保できる。それに対し中世ヨーロッパの人々は「日常の生活」と「祝祭の日常」がパラレルに、すなわち同時に存在するような世界を生きていたという。祭りは見学するものではなかった。なぜなら人々は、「祝祭の日常」も生きているからである。人をぶん殴っても笑ってすませられるという、「日常の生活」の規範から外れたもうひとつの日常も、民衆の人生の時間として欠くことのできないものであったというバフチンの分析から、わたしはそこにある「祝祭性の魔力」に出会い、完全に打ちのめされてしまった。

フランドルの画家ピーテル・ブリューゲル（父）の、子どものめちゃくちゃな遊びの風景や、謝肉祭の暴飲暴食と殴り合いの絵画を思い起こせば、あるいはそれより一世紀も前のヒエロニムス・ボスの幻想的な超現実主義にふれれば、少しはイメージできるだろう。

市を取り仕切る市神さま

そんな折、わたしは研究生をしていた佛教大学の集中講義で歴史地理学者の中島義一の授業で市場の特異な空間について知った。中島は、市場集落の地理学における権威である。集中講義の後、東京の自宅で遅くまで議論をして、翌日には武蔵野に残る市神の調査に出かけようと誘われた。

市神《いちがみ》とは、文字通り市場の神であるが、それは商売繁盛の神ではない。市神は必ずしも〝金儲け〟とは結びついてはいないのである。しかし、古代から中世の人々にとって、商いを始めるには市神を祀って、そこを祝祭空間にしなければならないという。貨幣を使って物を交換する場合でも、物々交換をする場合でも、日常の論理ではそれは「不可能」である。なぜなら物には人の魂が宿り、持ち主から離れた物はその魂が悪さをして、受け取った人が病気になったり災いを被ったりすると考えたからである。

市神を祀った市場は神域であり、世俗の論理を超えることができる。そこに持ち込まれたものは一旦神に捧げた奉納物のように、誰の物でもなくなり、だからこそ「安全に」交換ができると言うのである。すなわち、市神とは「市場での自由な交易を保障する神」であり、市神を祀ることではじめてそこが取引をする場として成立するのだという。

わたしの大学院修士課程の研究は固まった。「日常の生活」の規範が法律や共同体のルールだとすれば、「祝祭の生活」の規範は「市場での自由な交易を保障する神」である市神が握っている。この仮説を胸に秘め、わたしは旅を始めることにした。

市神の迎え方

わたしが市神に関心があると知ると、ある人文地理学者が、福岡に面白い石碑があると教えてくれた。「笑酒石碑」、福岡県みやま市瀬高町・芳司市場にある中世の板碑である。芳司は中世には定期市の回数も増えて商人が出現、瀬高座を結んで自立した共同体を形成して市場を取り仕切っていたという。彼らの後ろ盾となっていたのは、筑後国一の宮・高良《こうら》大社であった。高良大社は、九州北部の各所で市立権、市管理権、座支配権を掌握し、強い勢力を誇っていたのである。

「笑酒石碑」は、「えみしゅうのいしぶみ」と読む。男女の酒宴の図が浮き彫りされており、「筑後国下妻郡広田庄　本郷村芳司町　笑酒、大永五年〔一五二五〕八月吉日、施主 板橋助種〔市場の司役〕」と刻まれている（〔　〕は筆者補筆）。九州では、かつて商いが盛んであった町や定期市の開かれた場所に、必ずと言っていいほど男女一対の石像や木像が祀られている。それらはエビスと呼ばれており、「笑酒」もエビスと考えられる。

興味深いことに「高良玉垂宮神秘書《こうらたまだれぐうしんぴしょ》」という文献に、市を開くための高良大社の神職による秘儀的な市立ての神事が書かれている。その方法は、要約すれば以下のような物である。

1　雄牛と雌牛に五斗の米をつけて、雄牛を上町から雌牛を下町から歩かせる。

2　雄牛と雌牛が出会ったところにエビス神の壇を築く。

3　そこに今度は五斗の米をつけた馬を連れてきて、馬のそばで、三回拍手を打つ。

4　拍手にびっくりした馬が、とっさに向いた方向にエビス神を向ける。

5　そこに苧や紙や鯛など、決められた七種の神饌《しんせん》を供えて市神をおろす。

6　神事の後、市が開始される。

同書には、牛は大日如来の、馬は観音菩薩の意思を伝え、そこに祀るエビスは観音の化身ともある。高良大社はこの呪術的な儀式によって市神をコントロールすることで、経済活動を支配したのである。

「笑酒石碑」（福岡県みやま市）

市をめぐる「笠井のダルマ市」

呪術的な市神祭りは、江戸時代以降、貨幣経済が日常になってから、商売繁盛や町場の繁栄を願う祭りに変わっていった。しかし、その土地で何を市神とみなして祀るかは一様ではない。市神は「市場での自由な交易を保障する神」という機能によって規定された概念であるから、逆に言えば市神として祀ればどんな神仏でも市神になり得る。

静岡県浜松市郊外の笠井という集落は、江戸時代から近代にかけて綿花の集散地として栄えた町である。浜松城下を取り巻くように、流通経済の拠点として農村の産物と城下町からの商品を商う市が整備され、それらをつなぐ街道が発展した。その市が開かれた町は、湖北の金指《かなさし》市、北遠の二俣市、そしてこの笠井市であり、とりわけ笠井は幕末から明治にかけては繊維製品の取引で各地から多くの商人が訪れた。

笠井のダルマ市は、その年頭の市に開かれた賑わいの縁日市であり、現在でも三河地方から露店商やダルマの商人が訪れて盛大に行われる。子どもたちはこの縁日市のために小遣いを渡され、かつては「市に持っていった金は使い果たさなければならない」として、散財すること自体が縁起の良いことだと考えられた。

この年頭の市である笠井のダルマ市当日の早朝、街道に面した地元の有力な商人の系譜にあたる家々が集まり、火伏せの秋葉明神を市神として祀る市神祭りが開かれる。この地域一帯には、火伏せの神として秋葉神社から分けた火を灯す常夜燈や、その石燈籠をさらに豪華な木彫で飾った木造のやぐらのような建物（龍頭とも称する）で覆い、アキバサマとして大切にしてきた。市に先立って神を祀るとき、笠井ではアキバサマが祀られるのである。

笠井のダルマ市は町の中心部にある福来寺で行われるが、ここではタネセン（種銭）の授与と寄進という興味深い慣行がある。商いの元金となる銭を、その年の最初の市で神仏からもらうのである。呪術性を帯びた穴あき銭（実際には五円玉）を、町の人々は寺からもらい受け、それを元本として一年間商売に勤しみ、得た利益の一部を賽銭として寺に寄進する。商売で得た利益を私腹を肥やすために貯め込んでいくのは悪徳とされるが、ここでは金銭の利益を生み出す行為が、その語の通りご利益のあることとして仏教的な修行に置き換えられる。寄進したりダルマを購入したりして神仏にお返しをしたら、またタネセンを授与され、新たな一年の商いを始めるのである。

笠井では、平素の商売を営む日常の生活の位相に加え、神仏から借りた金で商いをして年頭に返済するというもうひとつの日常の位相がある。その場は市神が祀られる縁日市の祝祭空間であり、そこでは金を散財すること自体が娯楽であり儀礼でもある。もちろんこの土地の人々が、こうしたことを明確に意識して生活をしているわけではないが、笠井のダルマ市をこのように読み解いていくと、市

笠井のダルマ市（静岡県浜松市）

神祭りも、日々の商いも、ダルマ市も、縁日市のテキヤの露店も、意味あるものとしてとらえられるようになってくる。

市をめぐる「福岡県南部・熊本県各地の初市」

年頭の市で実施された市神祭りの名残として、現在まで市神祭りだけが残っている例はほかにもある。例えば福岡県南部から熊本県の旧肥後藩の領域を中心に現在も三月に開催される初市という縁日市がある。熊本では藩政時代から定期市網が藩領内全域に整備され、物流と庶民の生活における経済を支えていた。その定期市が開かれた場所の多くで、現在まで続いているのが初市で、食材や惣菜、苗木や鉢植え、竹細工や金物、荒物、あてものやゲーム、花卉や仏壇に供える物など、さまざまな物を商う露店で賑わう。なかでも名物とされているのが、花テボ、雉馬、花箱、流し雛などの郷土玩具である。花テボは少女が春の野で花を摘むために使うという何とも風雅な籠であるが、細い竹ヒゴで編んだ華奢な籠に赤と黒の可愛らしい着色がなされている造形的にもステキな籠である。雉馬と花箱は郷土玩具としても有名であるが、これを入手できるのはこの初市だけであった。

露店商やテキヤなどの移動商人は、この初市を巡回《へめぐ》る。具体的には、三月上旬・中旬を中心に、熊本県内を同時に四つの集団が初市を開きながらめぐっていくのである。わたしは一九九七年、翌九八年に、三月一・二日（福岡県大牟田市三池）、三日（玉名郡南関町関町）、四日（玉名市高瀬）、五・六日（熊本市北区（元植木町）植木）、七・八日（玉名郡和水町（元菊水町）江田）とめぐるルートに同行して密着取材を試みた。最初の三池初市では、早朝に香具師の親方が催行する市神祭りに立ち会い、取材を始めると「これは見せ物ではないから出ていけ」と取り合ってくれない。そこから各露店の「ショバ割り」があり商いが始まるが、その頃には完全に目をつけられ「お前、警察の犬か？」と胸ぐらをつかまれ、ノートを取り上げられてしまった。翌日も、写真を撮っているとカメラを取り上げられそうになるなど、散々な調査のスタートとなった。三月三日、南関町でやはり早朝に市神祭りに足を運ぶと、「またお前、何なんだ？」と言うので、これこれこういうわけで研究のために市を見せてほしいと説明する。加えてうちの親父は骨董市を仕切っていて、自分もこうした場に親しみを感じているといったことを説明すると、親方は「そういうことか」と納得し、いろいろと取材を許してくれた。

　その日の夜に露店が店を畳む頃、親方は「明日は朝早くから玉名で初市だから、夜のうちに玉名入りしなければ間に合わない。お前、一緒に乗ってけ」と商品を積んだ軽トラにわたしを同乗させ、車中泊しながら身の上話をしてくれた。親方は美濃の多治見《たじみ》の香具師で、名産の美濃焼《みのやき》や常滑焼《とこなめやき》を九州に持ち込んで売り歩いている露店商であった。子分という人も同行していたが、彼は惣菜の露店を出しており、一年の半分をこのような旅商い、残りの半分は愛知県内を回っているのだという。もともと親方の親方が多治見の人で、商売を見込んで子分にしても

花テボ（福岡県大牟田市）

らい、初市に通い詰めるうちに仕切りを任されるようになったのだという。わたしはこの日、はじめて自分のフィールドノートにデータらしいデータを記すことができた。

三月四日、玉名市高瀬でも町の片隅にあるエビス像のところで市神祭りが行われ、ここから合流する露店商もいて、大変な賑わいとなった。玉名では造花の店が目立つ。仏壇に一年中枯れない造花を供えるのがこの地域の風習だそうで、初市で一年に一度これを新調するのである。また、これはどの初市でも言われることだが、「市風にあたると風邪を引かない」という伝承があり、特別な聖域としての市の名残として興味深い。また、ガメダシ（煮物）やイチダゴ（蒸し団子）などの初市に独特な料理もあり、これもやはり健康と結びつけて好まれている。さらに、「初市で買い物をすると金がたまる」との伝承もあり、特に金物や農具、金属製品を買うと縁起が良いとも言われる。極めつけは、「市で出会った嫁（婿）とは幸せになれる」と言うので、昔は男も女もめかし込んで初市に出向いたのだという。

熊本の初市（熊本県玉名郡南関町）

翌年、わたしは親方に事前に連絡を取って、三池から同行させてもらった。ところが五日目の植木町で子分という人が体調を崩してしまい、親方は「お前手伝えや」と、わたしに店の手伝いを命じ、わたしは即席の露店商としてハシマキ屋見習いとして商いをする側になった。ハシマキとは、お好み焼きを割り箸に巻きつけたようなものである。朝から電動ドリルでポリバケツいっぱいの生地をかき混ぜ、卵や豚肉や天かす、紅生姜などを段取りし、ひたすら焼き続け、売り続けるのである。間に合わなくなったらお金を受け取って、「とっとととっとっとー」って言ったら喜んで持っていってくれると親方が言うので、その通りやってみる。「とっとととっとっとー」は、「とっとと」（早く）「とっとっとー」（取ってってね）という意味になる。お客さんはどうもわたしの訛りがおかしいようで、わたしたちの店はちょっとした人気店になった。

市をめぐる「奈良県各地の初エビス」

奈良県北部の奈良盆地を国中《くんなか》と呼ぶ。この国中と、東側の宇陀山地にかけて、二月上旬に巡回するのが初エビスである。宇陀市の松山、菟田野《うたの》、榛原といった山中の町場では、露店がならぶこの祭りに先立ち、人々の商売繁盛の祈願のための神事が執り行われる。その折、参列した町の店主たちは、市は町の賑わいの象徴だと説明してくれた。わたしに市場の調査の仕方を伝授した中島義一は、見るべきポイントのひとつとして、市の開かれる日に、その町の商店は店を開けるのか開けないのかということを挙げていた。例を挙げた笠井のダルマ市では店を開けない。この日は祭りであり休み日なのである。熊本の初市では町の商店は店を開ける。と言うよりむしろ自分の店の前に床几を出し、商店を開けつつさらに店先にこの日のための商品を並べていた。初市は、移動商人とともに、町の商店も周辺農村から来る人々が求めるものをならべるのである。初市は定期市の名残であり、商いを行う日である。

この奈良の初エビスでも、商店は店を開ける。ただし、商店は開店しているが、その店先に移動商人や露店商に商いのスペースを貸し出すのである。これをトイタ貸しという。トイタとは戸板、つまり雨戸のことだが、毎年決まった露店商に対してトイタを貸す、つまり店先を使う許可を与えるのである。露店商は売り上げの一部や商品の一部を店に渡して商売をさせてもらう。店舗と露店商のトイタ貸し慣行を通じた契約関係があるのである。

では、商店の方は何をしているかというと、セイモンバライ（誓文払い）とセッタイ（接待）のために忙しくしている。セイモンバライとは、販売したものの支払いのことで、年に二回、盆と正月のツケ払いであった時代の、商店にとっては重要な日であった。この地域の町場の商店の顧客は周辺の山村の農家である。米の収穫と麦の収穫、その他の畑作物等を出荷した後、ツケ払いの分を支払いに来るのである。現在は、付き合いのある人をもてなす風習として残っているだけだが、もともと初エビスは、このセイモンバライに来てもらうための大事な行事であった。

初エビスは、周辺農村にとっては数少ない娯楽であると同時に、借りた状態になっているお金を支払う場であった。支払いに来てくれた農家には、酒と肴でセッタイをするのである。子どもたちは親から小遣いをもらい、初エビスの縁日市で買い物をして楽しむ。ここでも散財すること自体が娯楽であり、もらったお金は使い切らなければならなかった。そもそも、現金を持って買い物をするということ自体が非日常だったのであるから、高齢の人たちはその思い出を語る人が多い。市を開く町の子どもたちはというと、初エビスは小遣い稼ぎの場でもあった。初エビスの前日、子どもたちは川や田の水路でフナを釣る。これを初エビスではセノエノと呼んで客に買ってもらい、客はそれをエビスを祀った神社に供えるのである。セノエノとは「威勢のえぇのう」、つまりイキがいいということである。神社では、笹を配り、「吉兆」と呼ぶ縁起の良い吊りものを販売する。「吉兆」は、銭箱や鯛、小判、米俵などの作りもので、好みのものを吊り下げて、縁起物として家に飾るのである。

宇陀山地の初エビスは、山村と町場の交流の場であり、支払いや接待など商いを通じた関係性を深める場であり、またそれ自体が娯楽の場なのであった。

縁日市のなかの日常と非日常

縁日市には、その時間・空間に独特な価値観やルールの名残とみられるものがある。お金の使い方や財についての独特な考え方、市神を祀ると商いを行うことができるという世界観、それを香具師が仕切るというルール、移動商人と町場の商店の関係、見込んだ人を親方―子分、あるいは兄弟分といった血縁に擬えて仲間にする付き合い方、市の空間にあるものにふれると健康になるとか良縁に恵まれるといった伝承に見出す聖域としての性格などである。これらは「日常の生活」とは異なる論理で営まれているが、市の場そのものとしてみたときにはそれが「祝祭の生活」としての性格をもっている。市を開く町場の人々は、必ずしも市のすべてを掌握しているわけではない。

市場の独自の論理とは、社会の秩序の維持との折り合いにおいては、いつの時代も紙一重のところにある。冒頭で紹介した世田谷のボロ市の地域住民とテキヤとの紛争の歴史はまさにそれが背景にある。現在は、健全な運営と情報の透明化を果たし、「日常の生活」の論理のなかでの非日常的な賑わいとして親しまれている。東京都指定無形民俗文化財として、代官行列や代官餅など、歴史とアイデンティティを継承する地域の行事として生まれ変わり、現在にいたる。

奈良の初エビスの例でも、縁日市は「日常の生活」に取り込まれて行事化し、もはや市神としてのエビスは商売繁盛の信仰対象でしかない。祭祀そのものも地域社会や地域の神社の神主が担うものであり、その主導権は移動商人ではなく町の側にある。年に一度めぐってくる縁日市は、「日常の生活」のなかに埋め込まれたがゆえの非日常性を帯びており、地域の娯楽として楽しまれている。世俗の論理から自由な市場の独特な論理、それを日常とする「祝祭の生活」は、こうしてなりをひそめていったのである。

研究のことば【自由と平和】

沈黙交易ということばがある。交易したい人が、交易したい相手と出会うことなく、物を交換することをサイレントトレードと言い、沈黙交易はその訳語である。その研究のパイオニアであるグリァスンは、商業活動は宗教性と不可分であったとする。

古代の市場は霊場と考えられ、戦争の最中でも市の開かれる期間、ないしはその地域は中立状態が維持されていたのであって、その区切られた地域の標識に石が立てられ、これが市の守り神でもあった。

（P・J・H・グリァスン『沈黙交易』中村勝訳、ハーベスト社、一九九七年）

こうした研究では、市場は市神のような存在が世俗の論理を超えて支配する、独自な場として生み出されたと考えられる。世俗の論理を超えるから自由である。自由ということは、社会的に守ってくれる法や倫理が通用しない。

一方、異人を歓待する習俗について研究する「異人論」では、市場の平和が異人歓待の起源だとする説（岡正雄）がある。市場の存在によって、特定の時間・場所に世俗の紛争から自由な状態が生まれる。すなわち平和である。ふだんはいがみ合う相手や、差別・排除の対象となる異人との関係性が途切れ、縁が切れる。そこで行われる異人歓待は、平和な状態において表現される、友好や歓迎のサインだと言うのである。

日本では「貸椀伝説」論争があった。岩などで椀を貸してくれと叫ぶと次に行ったときに椀が置いてあるという伝説である。カッパなどの妖怪が運ぶという例もある。しかし、不心得者が、借りた椀をごまかすと二度と貸してもらえなかったり罰を受けたりするのである。これについて鳥居龍蔵は「これは沈黙交易である！」とし、柳田國男は「いやこれは龍宮伝説のような異郷観にもとづく神への信仰だ！」とした。

市場の研究においては、自由と平和はアジールの議論とつながっている。アジールとは、世俗の権力や法の及ばない聖域であり、無縁寺・縁切り寺に逃げ込んだ奴婢《ぬひ》や犯罪人、夫と離縁したい妻などを追手から守護できる論理であった。聖域では世俗の約束が反故《ほご》となるのである。楽市楽座の楽についても世俗の法や関税とは無縁な自由交易のできる場であり、市について考える重要なヒントとなる。

現代においても、アジールの痕跡を見出すことができる。宴会における無礼講、子どもの鬼遊びのなかの安全地帯、エンガチョなどである。また、大使館という存在や、赤十字活動の中立性などを、特異なかたちで残ったアジールの痕跡とみることもできるかもしれない。

ヴァナキュラーを見出すトレーニング（9）

自分が誰の干渉も受けず自由でいられる（ここへ逃げ込めば、嫌なことも忘れられる）と思う、「わたしだけのアジール」は、現代社会ではどこに存在しますか?

わが道を生きる─擬制の家族と「一匹狼」

親・兄弟の契り

かつて、黒澤明、木下惠介、市川崑、小林正樹という、日本を代表する映画監督たちが結成した「四騎《しき》の会」という活動があった。その四人が山本周五郎の小説『町奉行日記』を原作に共同執筆した脚本を、執筆から三〇年後に映画化した『どら平太』は、わたしが大好きな映画のひとつである。メガホンを取った市川崑ならではの劇的なカットインと、コントラスト強めの照明による演出が冴えた時代劇である。城下町の周縁に形成された悪所への仕置きを、痛快に、愉快に、そして豪快に描き出した現代的な時代劇映画『どら平太』は、「非日常に生きる─祝祭空間のなかの日常」で取り上げたアジールや自由の概念が、脚色されたかたちで描き出されている。

ある小藩の立て直しのために「壕外《ほりそと》」と呼ばれる悪所の〝掃除〟を藩主から命じられ、江戸屋敷から国元に町奉行として赴任した望月小平太。彼は、賭博を仕切る「継町の才兵衛」、酒と売春を仕切る「巴の太十」という、二人の親分の懐に飛び込み、兄弟分の盃を交わす。それを知った「壕外」の元締めで抜け荷を仕切る「大河岸《おおがし》の灘八」は、町奉行の望月を自邸に招く駕籠《かご》を遣り、望月もこれに応じて三人の親分と対面する。長くなるが、このシーンを引用しよう。

小平太「太十と才兵衛とは兄弟分の盃を交わしたが、お前とはまだだったなあ。さ、盃を貰おうか」

灘八「（静かに）お断り致します」

小平太「すると何か、俺を呼んだのは盃事をするためじゃなかったのか」

灘八「盃事にもいろいろあります。おい、太十と才兵衛、望月の旦那に盃を返し、兄弟分だなんて乙なからくりは水に流すんだ」

太十と才兵衛、

「わかった」

と、云うなり、懐から盃を取り出すと、パッと小平太に向かって投げる。

盃は小平太の傍に突っ立っている槍に当たって木端微塵に飛び散る。

小平太はピクリともせず、

「じゃ、俺も返そう。と云っても盃はないから、この茶わんで……」

と、茶わんを膝の前に置くと、平手でパシッと打つ。一瞬、茶わんはそのまま。小平太はニヤッと笑って膝をポンと叩く。茶わんは見事に左右同じ大きさに割れていて、畳の上に転がる。

灘八たち、呆気にとられる。

小平太「灘八、これで合い子だが、どうだ」

灘八「なるほどねえ」

小平太「なるほどねえとは、どういうことだ」

灘八「聞きしにまさるお人でございますな……どうです、あっしの養子になる気はございませんか」

小平太「養子？」

灘八「へい。望月様は年寄役望月武《たけ》右衛門様のご次男とうかがいやしたが」

小平太「……」

灘八「武家社会では次男坊ってのは、先の見込みのまったくねえ生き方をしなくちゃならねえ。いくらあなたが優れたお人でも、家督は総領が継ぐ訳で。その腕と度胸も宝のもちぐされでしょう。あっしのあと、この壕外を仕切りなすったらどうでしょうね」

小平太「（黙って聞いていたが）食えねえ爺さんだな」

灘八「（薄笑いして）あっしは、あんたに男惚れ致しやした。（ズバリと）殺すのには惜しいお人だ」

小平太「じゃあ、殺さないでもらおうか。惚れた女がいるんでな」

灘八「へーえ……」

小平太「おめえたち三人を死罪にして、壕外を綺麗にしたら……」
太十と才兵衛がギョッとする。
小平太「江戸へ帰ってその女と所帯を持とうと思ってるんだ」
灘八「（眼を細めて小平太を見つめると）どうしても死罪ですかい」
小平太「当たり前だろう。俺の仕事は壕外の掃除だ。要するに三つの毒の根を絶つことだ」
灘八の形相が忽ち変わる。歯を剥き出し、
「野郎ッ、こうなりゃ生かして帰しちゃならねえ、鱠《なます》にして、魚の餌にくれてやる！」
と、吠えるように云うなり、後ろにあった長脇差《どす》を抜き、小平太にづかづかと近寄ると、振りかぶる。

（黒澤明・木下惠介・市川崑・小林正樹「どら平太」『シナリオ』二〇〇〇年六月号〔第五六巻六号〕、シナリオ作家協会、二〇〇〇年、一四四頁）

町奉行は、悪所の三人の親分に対し、「御上の威光」で制圧するのではなく、懐に飛び込んで兄弟分となることを提案する。三人の親分のなかでも元締めとしての灘八は、二人の子分に兄弟分の盃を返杯させ、代わりに自分と親子の契りを交わそうともちかける。自分は身を引く代わりに、望月を子分として取り込み、「壕外」そのものを存続させようという魂胆である。望月はそれを聞いて、スッと町奉行の態度に戻り、三人とも死罪であると「御上の威光」を振りかざす。世俗の法と藩の統治の論理をもち出された灘八は、「御上の威光」に対しては死にもの狂いで抵抗しなければならない。交渉は決裂し、望月は控えていた野郎どもと、熾烈な大立ち回りを演じることになる。

世俗の法や藩の統治からみれば、「壕外」は犯罪者の巣窟であり、排除すべき悪である。映画では、さらに、そこに藩の関与する深い闇が存在することが明らかになるのだが、しかし悪所そのものは藩の警察権のおよばない独自の論理で営まれており、易々と潰すことはできない。そこには、三人の親分たちによる独自の論理と、用心棒たちによる武力、そして親分子分や兄弟分といった擬制的な家族関係（あたかも血縁者であるかのような関係）による支配が厳然と存在する。世俗の法の空白地帯、「壕外」だけでまかり通る自由と平和である。

「壕外」に生きるヤクザものや職人、遊女、浪人らは、法律と社会制度による統治や村の自治といった共同体の論理とは対極にある、「一匹狼」な人々の個別の生き方を前提としている。その生存を保障するのは、義理や奉仕といったサービスに支えられた擬制的な関係性であり、独自な秩序が与えられている。

浮き沈みの激しい家系

『一匹狼』という任侠と勝負の世界を生きる、孤高の男を描いた小説がある。これを書いたわたしの父は、北原遼《りょう》の筆名で浜松の文学誌「未遂」の同人となり、同誌に一〇年連載して地元の出版社が本にして世に出した。この『一匹狼』は、遠州・森（現静岡県周智郡）から見附宿に出てきた博徒の山本銀治が、腕っ節の強さと強運から生糸の相場師に転じ、天賦の博才と裏社会のつながりをもとに、巨万の富を築きながらのし上がっていく、明治大正の時代小説である。その設定には、当時社会を賑わせた財テクブームによる虚業への風刺も込められているという。父はかつて大阪・船場の繊維会社ではたらいた経験があり、相場の様子を事細かに描いたから、読者がわざわざ訪ねてきて「株の相場の勘を伝授してほしい」と弟子入りを乞うてきたという逸話もある。『一匹狼』には、博徒のみならず、商いや相場に関わる人々の関係性が微細に描かれている。ヤクザでブラックな世界の人々も、カタギの企業人も、グレーな相場師たちも、みな親分子分や兄弟分といった擬制的な家族関係や、貸し借りの恩義といった負い目を生きている。

北原潦『一匹狼』谷島屋書店、1990年

銀治は田舎のしがない桶屋職人であった若い時代にはどこへいってほめられるようなことは一度もしたことのない、どちらかといえば、陰気な感じの人間だったが、国士遠山菊五郎の薫陶を受け、竜三や舜らの指導を受けて自分の世界を大きくしてからは、天性の博才に磨きがかかり、横浜に進出してからは、さらに生糸相場の策士、水戸の桔梗屋の指導を受けて、大正の年号がかわると同時に、いっきに日本有数の成金として天下にとどろいた。その源を養ってくれた今は亡き遠山菊五郎の恩に感じ、中国の辛亥革命以後、運動に身を呈している一部熱狂的日本人や、孫文の関係者に資金力で応援をしてきていることは、天下の周知であった。

（北原潦『一匹狼』谷島屋書店、一九九〇年、二四六頁）

『一匹狼』の主人公の山本銀治は、博打を生業としたわたしの実の曾祖父と、大正紡績成金の祖父、骨董市を取り仕切る父の、三代にわたる男たちを足したような人物像である。わが加藤家の家系は、わたしの曾祖父までしかよくわからない。父からよく聞かされたのは、曾祖父は遠州・森の博徒だと言い、講談や浪花節で知られた森の石松の弟子を自称していたとも言われている。その真偽はともかく、流れ流れて磐田の見附に落ち着いたのだという。それより前の代がわからないというのは、縁を切られたのか、やましい事情があるのか、わたしもそれなりに歴史研究の訓練を受けてきたので調べる手立てはないわけではないが、森の石松の弟子「らしい」というおぼつかない「伝承」をわりと気に入っているので、今はこのままでいいと思っている。

その博徒の子にあたるわたしの祖父は、いわゆる大戦景気の大正成金で、遠州の紡績の商いで財をなした。遠州地方独自の進取の気風に富んだ起業家精神を、「やらまいか精神」という。「ウジウジ考える前に、何でもやってみよう」という野心である。その特徴は、家族経営を嫌い、能力主義にもとづく人材登用を重んじ、よそ者を歓迎し、権力におもねらず、堅実さと勝負強さを兼ね備え、常識にとらわれない突破力が信条にあるとされている。ホンダ・カワイ・スズキ・ヤマハなど、浜松発祥の企業を念頭に、傑出した起業家を輩出した風土のお国自慢である。「記憶を担う造形―捕鯨文化と人生の誇り」で紹介した捕鯨船の乗組員たちが、ひと旗揚げようと南極行きの船に乗るような、そんなチャレンジ精神が浜松というものづくりの町にはある。

わたしの祖父はこうした企業のひと世代前にのし上がった人らしく、多くの若い起業家を支援したと聞く。若き本田宗一郎もそのひとりで、彼が自転車にエンジンを乗せてオートバイの試作機を作ったとき、ガソリンタンク代わりにした湯たんぽが加藤家のものだというのは、尾鰭のついた自慢話だとわたしは思っているが、しかしうちでもっていた長屋に下宿して面倒をみていたところまでは本当らしい。商売で成功した祖父は、博徒の父を反面教師として、息子（わたしの父）に対して競馬やパチンコなどの一切の博打を禁じたという。その財をつぎ込んで建てたであろう、わたしが幼稚園時代まで住んでいた二〇以上も部屋がある池つきの広大なお屋敷は、財産整理されて人手にわたり現在はマンションが建っていて、その栄華を覚えている人はほとんどいない。

その大正成金の長男で、のちに『一匹狼』を書くことになるボンボンの父は、青年時代にある挫折を経験して終生それを引きずったが、大学を出て大阪・船場の繊維会社に勤めた後、故郷の浜松に戻って松本民藝家具や全国の民藝品などを商う店を営んだ。わたしは幼少時に民藝品店を遊び場にしたから、大学院で民具研究を専攻する伏線がそこにあったかもしれない。浜松は、柳宗悦らの民藝運動とゆかりが深い土地であるが、父は戦後の民藝運動の人々と深く交流した。また、どこで身につけたかインテリアデザインの個人事務所を営み、有名なリゾート施設の民藝調の内装を手がけるなど大きな仕事もした。当時はイサムノグチと親交があり、例のあかりシリーズの展示や販売も手がけた。

一方で父は、一九七〇年代にアメリカ旅行で抽象表現主義のアーティストと交流し、帰国後（?・）に油絵を描くようになった。わたしは小学生のころ、学校から帰るといつも父はアトリエでドリッピングなどを行って絵具やペンキだらけになっていたのを覚えている。作品は遠州地方の各所に残されているが、手元に残された作品はわたしのいくつかの著書の表紙となっている。抽象的な作品のイメージは、わたしが民俗学者として取り組む、それぞれのテーマと深く結びついてきた。民藝を商い、画家としての顔ももちながら、同時に骨董市の元締めとしていくつもの縁日市を取りまとめているという不思議な父の実像は、子であるわたしには実のところよくわからない。

一九八〇年代、父は商売を辞め、絵や文学に挑みながら、地域文化を活性化させるための企画業に専念していた。今で言えば、アートディレクター、地域創生コンサルタント、インディペンデント・キュレーターなどと名乗ったかもしれないが、当時はそれは職業として認識されておらず、行政にも企業にも、イベント企画のアイデアに金を払うという発想そのものがなかった。そのため、この転業はわが家を困窮させ、市役所から生活保護の申請を打診されたというが、父はプライドからかそれを拒み、母が仕事をしながら家計を支えることとなった。

「一匹狼」を生きる

収入にはつながらなかったが、父の提案から始まった、静岡県と長野県の県境の自治体同士で、実際に領土（県境）をかけて行う「峠の国盗り綱引き合戦」は、今でも続いている恒例行事となっている。また袋井市の一面の田園風景に特設舞台を組んでのオーケストラによる「田園コンサート」、天竜川の佐久間ダムのダムサイトにウィーン・フィルのメンバーを招聘しての「ダムコンサート」など、当時の日本にはなかったクラシックやブラスバンドによる野外フェスのはしりとなるような企画を実現させた。地元の短大や職業訓練校では、こうしたまちづくりのノウハウを講じ、一九九〇年頃には社会的ニーズも生まれてきたので、この時期はおそらく講演料がおもな収入だったのではないだろうか。この時期、浜松駅前の再開発の巨大プロジェクトが動き、浜松市楽器博物館の創設、本格的なクラシック音楽ホールの建設と、オープニングの市民フェスティバルの実行委員長としてはたらいたことは、おそらく父の人生のハイライトだったと思う。浜松市楽器博物館の所蔵品となる資料の調査と交渉、運搬などに、高校生になったわたしも鞄持ちのようについて回ったことは、のちに博物館学芸員となる伏線となっている。

利益を追求しない文化事業を行い続けたことから、父が一九九四年に講演会場で倒れてあっという間に亡くなってしまったときには、びっくりするほどの借金が残された。しかし、文化は人をつなぐもの。父を慕って一〇〇〇人以上の弔問客が訪れ、その香典でピッタリ借金返済を終えるという、冗談のような本当の話もあった。

父は晩年、天竜川の奥地に民家を借りて、現地の村おこしに専念した。地域文化の研究と提案のために、住み込みの徹底したフィールドワークで歴史や文化の調査を行い、わたしも高校生のころに写真撮影を仕込まれて調査の手伝いなどもしたから、そこにわたしが民俗学者になる伏線もある。しかしこの頃、父はほとんど家には帰らなくなった。

帰省した折に天龍の山奥の住まいを訪ねた折には、毎日のように村の若い衆がやって来て、夜更けまで浴びるように酒を酌み交わして帰っていくと苦笑しながら話していた。それを半年ほど続けると、はじめて村に受け入れられるのだというが、父は「彼らの生活を変えるような提案ができるのは、どこまで行ってもよそ者の眼を持っていなければできないのだ」と言って、深く村の内部に「取り込まれる」のを嫌った。新しい価値観は、既存のルーティーンから逸脱するイノベーション（革新）が必要であり、その意味ではどこにいても「一匹狼」であることが大切なのだと言った。

父は、今のわたしからみれば、並の民俗研究者以上にフィールドワークを行い、三遠南信とも称される静岡県西部から長野県南部の歴史や民俗に精通していた。しかし父の書きものの多くは、村や町のような共同体から文化をとらえる視点を意識的に拒むような視点を重視していることに気づく。登場人物はみな、旅や商いを生きており、村や町からみればアウトローであったり周縁にあったりするような人々である。彼らは何かの技能に長けており、村人から重宝されることも多いが、一方で外来者として疎まれるような存在である。

実は民俗学はこうした人々を正面から描くことをしてこなかった。柳田國男の農村への視点からも、戦後の民俗学の共同体を描く視点からも、こうした人々は抜け落ち、常に描きそびれてきたのである。本書の多くのテーマに登場する人々は、もちろん村や町の地域社会を生きている。共同体という最大公約数的な合意を重んじ、安定的な構造を生き、同じ時間と空間を共有しながら世代を超えて文化を伝えていく。だからこそ「伝承」という切り口が意味をもつ。

しかし、一方で生業を通じて外界とつながり、技能に長け、地域社会とは別の関係性をも同時に生きている一群の人々がいる。村の秩序の傍にあり、また時にはそれを動揺させるような存在でありながら、新技術や情報に通じ、先進的なアイデアを真っ先に実践するようなイノベーターでもある。旅のなかで人々が目にしないものを見て、みずからの技術や技能の糧とし、近くの血縁者よりも、はたらく関係性でつながった遠くの仲間や取引相手を頼る。世話になった親「のような」人を慕い、仕事で苦楽をともにした兄弟「のような」仲間を気にかける。わたしの父が描き出そうとした渡世を必死に生きる男と女の群像は、小さな社会を描く技術を磨いてきた民俗学が、常に描きそびれた人々ではなかったかと、わたしはこのごろ思う。

また、この安定的な共同体の世界と、それにとどまらない自由さをもったアウトサイダーな人々の、そのあいだにあるような文化もある。「女王バチの目線―遊び仕事と誇りと自慢」「必要は発明の母―職人技術の基礎と応用」であつかったような、遊び仕事やカスタマイズには、創造的で実験的な精神があるが、時にはそれはルーティーンから外れることによる自由と結びついている。秩序からもれ落ちる、共同体のためだけにはたらかない人々、村の枠組みを超えていく魅力ある人々を、民俗学は記述しそびれてきた。

父の小説『一匹狼』の「一匹狼」とは、業界の常識にとらわれず、自分本意で判断して、決断をもって実行できる人のことを指している。まわりに同調して手を控えたり、リスクを恐れて尻込みしたりせず、情熱と信念をもって行動する孤高の存在である。自分ですべきと考えることに対して妥協せず、共同体の論理に縛られず、空気を読むことを意図して避けるあり方は、主人公の山本銀治にそなえられた理想像であった。庶民のなかにあらわれる、歴史に名を残すわけではないが、社会をみずからの意思で生きていくようなあり方にふれるとき、わたしはフィールドワークの醍醐味を感じるのである。

関係性のなかで自分の道を切り拓く

親分・子分、兄弟分といった世界は、イメージとしてはヤクザや任侠映画の独特な価値観であり、わたしたちのようなカタギの人間には異文化としてしかとらえられない。しかし、一方で、現代のわたしたちの大半が民俗的な村の社会を生きているわけではないし、公務員の人事のようなポストと部署の与えられた仕事の範疇で仕事をしているわけでもない。親分子分や兄弟分といったヤクザな世界は、実は現代のわたしたちの身の回りに遍在し、その関係性で仕事をしている人も多い。

例えば、職人のような徒弟制の世界である。徒弟制と言っても、ひとりの名人に弟子入りをするようなものから、デザイン事務所や建築事務所、アニメーションの制作会社のような、デザイナーや建築家、作家などが工房的な制作体制を敷いて、先輩から手ほどきを受けつつスキルアップしていくような仕事の仕方もある。

わたしたちの研究の世界も、文系であれ理系であれ科学的な思考のもと、概念や方法を用いて真理や幸福を探究するものであるが、しかし研究のコミュニティ自体は多かれ少なかれ師匠・弟子、あるいは同門、兄弟子・弟弟子といったしがらみから自由ではない。研究成果を交換する際に「学兄」「学姉」という敬称を使うのも、語義からもとは師匠との関係性からの兄弟子・姉弟子を指すことばであろうが、現在では親しい研究仲間や研究でつながる友人へ向けて日常的に用いられる。学問という共通の目的に集う同胞を家族的にとらえたくなる気持ちは、わたしのなかにもあり、こうした関係性がアカデミアの世界をひとつの文化たらしめている。

また、武道や習い事、芸能などにおいては、師匠の技芸への憧れや熟練者への敬意は、その技芸に取り組む動機そのものでもあるから、カルチャーセンターの講師と生徒のように月謝に対する教育サービスと割り切れるものでもないことが多い。また技芸がプロフェッショナルな仕事と結びついていっても、容易にはフラットな関係にはならない。芸人が、実年齢にかかわらず、あるいは活躍の度合いにかかわらず、芸歴何年かの年功序列を意識する発言をすることはテレビでよく見る光景である。

こうした関係性は、業界の文化として定着しており、そこから逸脱することは仕事そのものを得るチャンスの喪失や、相互扶助のつながりからの断絶に直結する。そこには独自の文化や価値観が存在し、確かに仕事や技芸を通じて人をつないでいる社会が存在する。人の生活が存在するところには民俗学的な課題が必ず存在するが、そうしたあり方は共同体を前提として文化を理解する民俗学では捕捉しづらく、取りこぼされてきた。

さらに、みずからの理想を信じて、叩かれようが、排除されようが意思を曲げず、個人の突破力で新しい世界を確立しようとする立場があるとすれば、世間ではそれを「一匹狼」と称する。それで成功し、新しい業界そのものを創ってしまうようなイノベーターの出現の可能性もある。それによる成功者はその存在を強烈に印象づけ、社会そのものを牽引していくようなリーダーとなっていくこともある。ただ、大半は利益を得ることができないばかりか、業界の保守的な勢力によって妨害されたりして落伍していくしかない。そうして社会から取り残され、家を失ったり定職を失ったりした人々は、もはや民俗学の記述から漏れた人々からもさらに外側にこぼれてしまう。かつて民俗学者の宮本常一は「土佐源氏」と題した文章において、橋のたもとに浮浪者として生きる老いた男の一代記を描き出した。独白ともフィクションともとれる特異な作風から、民俗学の科学的な仕事とみなさない向きもあるが、宮本常一はそこに民俗学の限界をあからさまに描いてみせた。

本書の最も大きなテーマである「ヴァナキュラーを見出す技法」としての民俗学において、その研究対象はより拡張されなければ、複雑に多様化する現代社会をとらえることができない。ヴァナキュラーとは、日本文化や国民文化、伝統文化、政治や政策、理論といったものと対極にある、人が生きる現場と人と人の関係性、つまり生活のなかから立ち上がる文化的特性を言う。従来からの民俗学の対象となってきた村や町などの地域社会や共同体に加え、親方―子方や兄弟分などの擬制的な家族関係によって結ばれるはたらくコミュニティ、さらにそこに飽きたらない「一匹狼」、そして共同体から取りこぼされる社会的な弱者など、多様な生活の現場から立ち上がる文化と、その社会に固有な文化、すなわちヴァナキュラーを見出す姿勢が求められている。どんな暮らしにも、その生活独特な文脈が存在する。この視点は、今を生きるわたしたちが、同時代の人々の営みを理解する道具となるはずである。

研究のことば【イノベーション】

日常生活が変化するとき、二つの動機を考えなければならない。ひとつは政治や行政、いわゆる〝お上のお達し〟による生活への介入である。社会の秩序を保つため、あるいは国民の行動を抑制したり修正したりすることを、法にもとづく罰や警察権により圧力を加えることである。人々は社会のためならと公共心をもってこれに積極的に従ったり、自由を制約されることへの不満をもちながらしぶしぶ受け入れたり、あるいは全力で抵抗したりする。

二つ目は、社会や共同体の側から内発的に起こる変化である。ある出来事に対応したり、時代の変化に適応したりするゆっくりとした変化は常に起こっていて、そうした日常の変化には人々は気づかないことすらある。一方で、民俗調査のフィールドワークでは、社会のあり方を変えるような大胆なアイデアが発想され、地域に受け入れられ、生業や技術を大きく変化させるような状況を目にすることがある。民具調査では、そうした技術革新のきっかけになった実験的な道具を見つけることもある。そこには科学的な合理性と、経験にもとづく実験性が、奇妙に同居している場合が多い。

技術革新の語源となった語であるイノベーションは、もともとヨーゼフ・シュンペーターが提示した経済発展の枠組みである。それを要約すれば、従来の手法の繰り返しによる発展とは異なり、そのルーティーンから飛躍した新しい方式や方法論をまったく異なる結合の仕方で導入することで、新たな段階に移行するというものである。

新しい発想に対する信頼が置けるかどうかは、科学的なデータや、合理的な説明によってその信頼性が主張されるため、それを行う人の理論や独自なアイデアに頼ることになる。革新的なアイデアは、その社会から外へ出てまなんだり経験を積んだりした人や、まったくのよそ者にしか提案できない。こうして先駆的な人があらわれ、それに追随する人々があらわれるような展開を技術革新（イノベーション）と言い、その先駆者はイノベーターと呼ばれる。

ヴァナキュラーを見出すトレーニング（10）

あなたが実家を離れて暮らしたり、大学で新しい知識をまなんだりしたことで、自分の生まれ育った地域が、もっと「こうなると良い」と考えるようになったことはありますか？

あとがき

二〇一九年に始まる新型コロナウイルスの世界的な蔓延によって、翌二〇二〇年度の大学の講義科目はすべてオンライン授業となった。オンライン授業には、リアルタイムなビデオ会議形式の授業と、授業コンテンツ配信に質疑応答を組み合わせるオンデマンド授業とがある。いずれの形式においても、授業であるからには楽しくなくてはならない。わたしがオンライン授業を始めるにあたって心に決意したスローガンは、「オンライン授業はつまらないなんて、誰が決めた？」であった。授業が始まる前から、「オンライン授業＝つまらない」「オンライン授業＝急場しのぎ」という見方が大勢を占め、学生の不満が噴出していたからである。

もともと、学問としての民俗学の知識は、学会や、博物館や文化財保護の世界、そして大学の授業に囲い込まれてきた。身近な文化をあつかう学問でありながら、一般の人々が民俗学の知識にふれる機会は驚くほど少ないのである。民俗学者であり学芸員であるわたしは、アカデミックな知識を市民の関心や活動と橋渡しするために、展覧会のキュレーションやワークショップなどの技術を磨いてきたが、学術の世界と一般市民のコミュニケーションを媒介するメディアとしてのインターネットにも大きな関心を抱き、ブログやＳＮＳを積極的に利用してきた。

オンライン授業はその可能性を拡張する実験場であると、わたしはとらえた。九〇分の大学授業を、四〇～六〇分の動画コンテンツに集約し、リアクションペーパーとチャットを使って、一人ひとりの大学生の関心に紐づけていくことができれば、その方式は、オンライン上の展示や情報のアーカイヴスなどにおいて、新たな方法としての活用の道を開くかもしれないからである。

オンデマンド授業による授業コンテンツを作成するにあたり、わたしはその準備に「かたち」から入った。中身はすでに毎年行っている授業があり、講義ノートを一から書くわけではないからである。まずは、YouTube のアカウントを作り、それを「チャンネル・フォークロア」と名づけ、オンライン授業のインターネット放送局のようなかたちにした。次に、ロゴマークといくつかの統一したフォーマットを制作した。コンテンツに番組感を出すには一貫したデザインが必要だからである。これには、わたしの教え子でデザイナーとして仕事をしている蘓武美佳《そぶみか》さんに担当してもらった。さらに、番組であるからには、パーソナリティ役であるわたしは顔出し必須であるので、授業用の衣装として三種類の「チャンネル・フォークロア」Tシャツを作成した。授業では、毎回最後にひと文字ずつひらがなを表示し、それを並べていくと前・後期の最後にひとつの文章になるというようなお遊びも試みた。オンライン授業に一連の流れを作るためには、色々な工夫が必要なのである。その文字は、書道の心得のある教え子、佐藤千夏さんにお願いした。そして毎回使うオープニングとエンディングの音楽と動画を制作し、オンデマンド授業の「かたち」は整った。

© おおやまなつね

オンデマンド授業は、授業内容を四〇～六〇分程度にコンパクトにする必要がある。このとき、思い起こしたのが、わたしが京都外国語大学で大学生として受講した田中四郎先生の講義「現代中東事情」であった。田中先生は高名なアラビストで、わたしはのちに田中先生のアラビア語の演習と「中東ゼミ」に所属することになる。田中先生は講義の冒頭、ムスリムに礼拝を呼びかけるアザーンという歌のようなものを朗誦し、そして雑談を交えてから授業開始二〇分ぐらいで出席カードを配布する。

そこから本格的に授業に入るが、先生は決まって三〇分程度の一話完結の話題を二つ話されるのである。人間がひとつの話を聞く集中力というのは、三〇分程度がちょうどいいというのが田中先生の持論である。内容は、イスラム教やアラビア語のこと、中東の国々の衣食住や風俗習慣（特に圧巻は性に関する話題）、思い出深い人物など、さまざまである。わたしは、ちょうど第一次湾岸戦争が始まった頃であったので、地政学的な関心からこの科目をとったが、その話術にハマり、結局この授業は二年生以降もモグることになった。

田中四郎先生のことをここでもち出したのは、本書の成立に関わるからである。わたしが一年生で履修した「現代中東事情」の内容は、のちにエッセイ集、田中四郎『駱駝のちどりあし』（新潮社、一九九四年）として出版された。この本は、毎回の授業で紹介される二つずつの話題で構成され、ひとつの話題が見開き二頁にぴったり収まっている。先生は前期・後期の授業を、すべてエッセイに仕立ててあり、それを一冊の本にしたのである。のちに、わたしが一年生のときに教科書として使った『やわらかなアラブ学』（新潮選書、一九九二年）も、その前年の各授業をまとめたものと聞いた。

オンデマンド授業も、一話完結で短めに準備して、それ自体がひとつのエッセイとなるようにすると、滑舌の悪いわたしでも軽妙な印象にできる。そして、科目全体が一冊の本を成すように構成すると、一話完結の話題同士の関連づけができる。本書はこういう意図で作成したのである。

本作りとは著者が孤独に作成するものではない。それは職業人としての編集者との共同作業なのであり、これが本作りの最大の醍醐味であると言って良い。本書は武蔵野美術大学出版局の編集者、木村公子さんとの共同作業である。企画を立ち上げていただいてから、吉祥寺校へお邪魔してずいぶんいろいろなことを議論し、こちらのやりたいことも遠慮なくぶつけてきた。また思いもよらぬ追加原稿の要求もあり、そのオーダーにプラスアルファの返球を試みる。そうしたやりとりのなかから、ひとつの本のすがたが見えてきた。結果として、自分ひとりではこうはならないというものができたと思う。同出版局のスタッフのみなさんに心から感謝いたします。

また授業ごとのリアクションペーパーと質疑応答から、コロナ禍二年目の講義内容は前年から大きくバージョンアップされた。本書はその二年目の授業の内容をベースにしているから、毎年のようにレベルアップさせてくれる武蔵野美術大学の学生たちに感謝しなくてはならない。本書のイラストのカットは、おおやまなつねさん（当時、武蔵野美術大学造形学部彫刻学科）に依頼した。オンライン授業の、教員と履修生たち（履修者名簿にない曲者《くせもの》たちも？）とのやりとりを愉しいかたちでイラストにしてくれて、どうもありがとう。

加藤幸治

参考文献

本書の参考文献を、本文の流れに沿って掲載する（本文で言及のあるものとそうでないものがある）。

はじめに

島村恭則『みんなの民俗学―ヴァナキュラーってなんだ？』平凡社新書、二〇二〇年
『あるくみるきく』近畿日本ツーリスト株式会社・日本観光文化研究所、一九六七〜八八年
宮本常一『民俗学の旅』講談社学術文庫、一九九三年
岩井宏實『旅の民俗誌』河出書房新社、二〇〇二年

経験主義――今こそフィールドワークへ

「ヴァナキュラー」へのまなざし

ウェルズ恵子編『ヴァナキュラー文化と現代社会』思文閣出版、二〇一八年
小長谷英代『〈フォーク〉からの転回―文化批判と領域史』春風社、二〇一七年
今福龍太『クレオール主義』青土社、二〇〇一年

民俗学事典編集委員会編『民俗学事典』丸善出版、二〇一四年
バーナード・ルドフスキー『建築家なしの建築』渡辺武信訳、鹿島出版会、一九八四年
バーナード・ルドフスキー『さあ横になって食べよう―忘れられた生活様式』奥野卓司訳、鹿島出版会、一九九九年
ジェフリー・バッチェン『写真のアルケオロジー』前川修ほか訳、青弓社、二〇一〇年
前川修『イメージのヴァナキュラー―写真論講義 実例編』東京大学出版会、二〇二〇年
大坪二市「農具揃」『日本農書全集』第二四巻、農山漁村文化協会、一九八一年

「文化」の概念の大転換

エドワード・B・タイラー『原始文化』上下、松村一男監修、国書刊行会、二〇一九年
フランツ・ボアズ『プリミティヴアート』大村敬一訳、言叢社、二〇一一年
クリフォード・ギアーツ『ローカル・ノレッジ―解釈人類学論集』梶原景昭ほか訳、岩波書店、一九九一年
ジェイムズ・クリフォードほか編『文化を書く』春日直樹ほか訳、紀伊国屋書店、一九九六年
エドワード・W・サイード『オリエンタリズム』上下、今沢紀子訳、平凡社、一九九三年
ジェイムズ・クリフォード『文化の窮状―二十世紀の民族誌、文学、芸術』太田好信ほか訳、人文書院、二〇〇三年
エドゥアルド・コーン『森は考える―人間的なるものを超えた人類学』奥野克巳ほか監訳、亜紀書房、二〇一六年
ブルーノ・ラトゥール『虚構の「近代」―科学人類学は警告する』川村久美子訳・解題、新評論、二〇〇八年

「生活」こそが最前線

佐藤道信『明治国家と近代美術―美の政治学』吉川弘文館、一九九九年

加藤幸治『渋沢敬三とアチック・ミューゼアム—知の共鳴が創り上げた人文学の理想郷』勉誠出版、二〇二〇年
W・ベック、A・ギデンズ、S・ラッシュ『再帰的近代化—近現代の社会秩序における政治、伝統、美的原理』松尾精文・小幡正敏・叶堂隆三訳、而立書房、一九九七年

「フィールドワーク」の技法

鶴見俊輔『鶴見俊輔集3 記号論集』筑摩書房、一九九二年
野本寛一・赤坂憲雄編『暮らしの伝承知を探る』玉川大学出版部、二〇一三年
宮本常一・安渓遊地『調査されるという迷惑—フィールドに出る前に読んでおく本』みずのわ出版、二〇〇八年
加藤幸治『復興キュレーション—語りのオーナーシップで作り伝える〝くじらまち〟』社会評論社、二〇一七年
保苅実『ラディカル・オーラル・ヒストリー—オーストラリア先住民アボリジニの歴史実践』岩波現代文庫、二〇一八年
クレア・ビショップ『人工地獄—現代アートと観客の政治学』大森俊克訳、フィルムアート社、二〇一六年
クロード・レヴィ=ストロース『野生の思考』大橋保夫訳、みすず書房、一九七六年
野家啓一『物語の哲学』岩波現代文庫、二〇〇五年
美術手帖編『これからの美術がわかるキーワード一〇〇』美術出版社、二〇一九年

フィールドで問いをどう立てるか（各節の関連論文）

本書「フィールドで問いをどう立てるか」の各節の内容には、そのもととなった著者による論文がそれぞれにある。本書はまったくの書き下ろしであるが、元データや資料へのアクセスのために一覧を付しておく。

女王バチの目線―遊び仕事と誇りと自慢

「熊野地域における養蜂技術とその歴史的展開（一）」『民具マンスリー』第三九巻一〇号、神奈川大学日本常民文化研究所、二〇〇七年、一～一二頁

「熊野地域における養蜂技術とその歴史的展開（二）」『民具マンスリー』第三九巻一一号、神奈川大学日本常民文化研究所、二〇〇七年、一〇～一七頁

山まかせの思想―暗黙知と自然への理解

「近代における山林利用の地域的展開―西牟婁地域の山番制度と生業」『近畿民具』第二七輯、近畿民具学会、二〇〇四年、四一～五九頁

日常性への信頼―生活のリズムとはたらくこと

「民俗誌的コレクション形成とその課題―有田川町上湯川の民具調査から」『年報』第三五号、和歌山県立紀伊風土記の丘、二〇〇九年、三六～四五頁

良い仕事の定義―身体技法とものづくり

「ローカルなコンテクストにおける民具の理解に向けて―四国・那賀川上流地域の天秤腰機を事例に」『歴史と文化』第四五号、東北学院大学学術研究会、二〇一〇年、五七～七一頁

漁撈技術と知識―技術の変化と家庭の味

「「郷土食」が生まれる契機としての災害復興―東日本大震災と食文化のセーフガード」『歴史と文化』第五七号、東北学院大学学術研究会、二〇一八年、一五一～一六四頁

復興のなかの創造―災害の歴史と技術継承

「津波常襲地における技術の断絶と継承」『人類学研究所研究論集』第四号、南山大学人類学研究所、二〇一八年、六八～八七頁

記憶を担う造形―捕鯨文化と人生の誇り

「はたらく仲間の関係性と地域コミュニティ―宮城県・牡鹿半島における災害復興と産業復興から」小島孝夫編『地域社会のゆくえ　家族のゆくえ』明石書店、二〇二一年、三二七～三四九頁

必要は発明の母―職人技術の基礎と応用

「仙台の曲輪」『仙台旧城下町に所在する民俗文化財調査報告書9　仙台箪笥・仙台の曲輪』仙台市教育委員会、二〇一〇年、二九～六四頁

「日高地域における鍛冶屋の出職と定着」『年報』第三一号、和歌山県立紀伊風土記の丘、二〇〇五、二五～三一頁

非日常に生きる―祝祭空間のなかの日常

「市神祭と市神の性格の変化―市神から商業繁栄の神へ―」『紀要』創刊号、帝塚山大学大学院人文科学研究科紀要編集委員会、二〇〇〇年、一～三二頁

わが道を生きる―擬制の家族と「一匹狼」

（参考）北原潦『一匹狼』谷島屋書店、一九九〇年

フィールドで問いをどう立てるか（研究のことばの参考文献）

【遊び仕事】
篠原徹編『民俗の技術』朝倉書店、一九九八年

【暗黙知】
マイケル・ポランニー『暗黙知の次元』高橋勇夫訳、ちくま学芸文庫、二〇〇三年

【仕事と稼ぎ】
内山節『情景のなかの労働―労働のなかの二つの関係』有斐閣、一九八八年

【身体技法】
マルセル・モース『社会学と人類学 I・II』有地亨・伊藤昌司・山口俊夫訳、弘文堂、一九七三年

【フォークターム】
ミシェル・ド・セルトー『日常的実践のポイエティーク』山田登世子訳、ちくま学芸文庫、二〇二一年

【正統的周辺参加】
ジーン・レイヴ、エティエンヌ・ウェンガー『状況に埋め込まれた学習―正統的周辺参加』佐伯胖訳、産業図書、一九九三年

【ヴァナキュラーアート】
鶴見俊輔『限界芸術論』ちくま学芸文庫、一九九九年

【カスタマイズ】

ヴァルター・ベンヤミン『複製技術時代の芸術』佐々木基一編、晶文社クラシックス、一九九九年

【自由と平和】

網野善彦『無縁・公界・楽―日本中世の自由と平和』（増補）、平凡社ライブラリー、一九九六年

【イノベーション】

J・A・シュンペーター『経済発展の理論〈初版〉』八木紀一郎・荒木詳二訳、日本経済新聞出版、二〇二〇年

加藤幸治（かとう・こうじ）
一九七三年、静岡県浜松市生まれ。武蔵野美術大学教養文化・学芸員課程教授。和歌山県立紀伊風土記の丘学芸員（民俗担当）、東北学院大学文学部歴史学科教授（同大学博物館学芸員兼任）を経て、二〇一九年より現職。博士（文学）。専門は民俗学、博物館学。
近著に『津波とクジラとペンギンと―東日本大震災10年、牡鹿半島・鮎川の地域文化』（社会評論社、二〇二一年）、『渋沢敬三とアチック・ミューゼアム―知の共鳴が創り上げた人文学の理想郷』（勉誠出版、二〇二〇年）、『文化遺産シェア時代―価値を深掘る〝ずらし〟の視角』（社会評論社、二〇一八年）、『復興キュレーション―語りのオーナーシップで作り伝える〝くじらまち〟』（社会評論社、二〇一七年）ほかがある。

民俗学　ヴァナキュラー編
――人と出会い、問いを立てる

二〇二一年一一月三〇日　初版第一刷発行
二〇二四年　七　月　一　日　初版第二刷発行

著者　加藤幸治

発行者　長澤忠徳
発行所　武蔵野美術大学出版局
〒一八七－八五〇五
東京都小平市小川町一－七三六
電話　〇四二－三四二－五五一五（営業）
〇四二－三四二－五五一六（編集）

印刷・製本　図書印刷株式会社

定価はカバーに表記してあります
乱丁・落丁本はお取り替えいたします

ISBN978-4-86463-128-0　C3039　Printed in Japan